も

アボカドカレー

とろとろねっとり

もうやんカレー

もうやんカレーのメニューには、9割のリピーターのお客さまに選ばれた
唯一無二のオリジナルカレーがずらり！

ビーフ・ポーク・チキン・エビ・チーズ

全部カレー

分厚いベーコンと
ねっとりアボガドがよくあう

アボカドベーコンカレー

ふわふわとろとろ

ベーコンオムカレー

カルビ肉がジューシー

豚カルビカレー

揚げ出し豆腐カレー

アラフォーもうやんお気に入り

チキン2種の味と焼きの違い

ダブルチキンカレー

オーブントマトにねぎダレ

トマトカレー

もうやん式（目玉焼き付き）

もうやん式ドライカレー

こんがりジューシー

ラムカレー

もうやんタパス

カレーのトッピングにも、お酒のおつまみにもなる
多彩なヘルシータパス!

完成するまで2週間！厳選された7種類の野菜・果物と24～28種類のスパイスが凝縮されたヘルシーなもうやんカレー！

もうやんカレーのLINEスタンプはもうやんこと辻智太郎の妹がイラストレーションを担当!
もうやんカレーオリジナルアイテムも販売。「フランクミウラー(三浦)」の時計もあります!

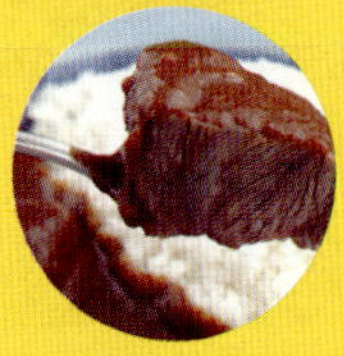

もうやんカレー池（池袋店）
東京都豊島区東池袋1-28-3 市川ビルB1
TEL&FAX：03-6909-3398
11:30-15:00（L.O.14:30）
18:00-23:30（L.O.22:30）
無休

もうやんカレー246（渋谷店）
東京都渋谷区渋谷1-7-5 セブンハイツ1F
TEL&FAX：03-6805-1994
11:30-15:30（L.O.15:00）
18:00-23:30（L.O.22:30）
日曜日定休

もうやんカレーしんばし（新橋店）
東京都港区新橋2-15-12 KLセントラルビルB1
TEL&FAX：03-6205-4288
11:30-15:00（L.O.14:30）
18:00-23:30（L.O.22:30）
日曜日定休

もうやんカレーTokyo（京橋店）
東京都中央区京橋3-1-1
東京スクエアガーデンB1
TEL&FAX：03-5542-1681
月～金 11:30-15:00（L.O.14:30）
17:30-23:00（L.O.22:30）
土・祝日 11:30-15:00（L.O.14:30）
17:30-22:00（L.O.21:30）
日曜日定休

もうやんカレー利瓶具（新宿十二社通り店）
東京都新宿区西新宿6-25-14 第2仲川ビル
TEL&FAX：03-5323-5539
11:30-15:00（L.O.14:30）
18:00-23:30（L.O.22:30）
日曜日定休

もうやんカレー大忍具（青梅街道店）
東京都新宿区西新宿8-19-2 TKビル1F
TEL&FAX：03-3371-5532
11:30-15:00（L.O.14:30）
18:00-23:30（L.O.22:30）
土曜日定休

行列ができるカレー店の秘密

「もうやんカレー」のつくり方

辻 智太郎

はじめに

たかがカレー、されどカレー

「もうやんカレーって、どうやってつくってるの？」

「もうやんカレーって、〝何カレー〟なの？」

「もうやんカレーは、なんでこんなにウマいの？」

「もうやんカレーを食べると、ダイエットになるってウワサは本当？」

「もうやんカレーは、どうしていつも行列が絶えないの？」

「そもそも、何でカレー屋を始めたの？」


１９９７年に、「もうやんカレー」１号店を西新宿にオープンして以来、お客さまや、取材記者の方々に、たびたびそんな質問をいただきます。

もうやんカレーにいろいろ興味を持ってもらえるのは、とてもありがたいし、うれしいことです。

ただ、もったいぶるつもりはまったくないのですが、どの質問にもひとことで簡単にお答えすることはできません。

なぜなら、もうやんカレーは、専門のコンサル会社に繁盛するカレー店のノウハウを教えてもらってつくったのではなく、カレーづくりから、店づくりまで、すべておのれの経験値だけを頼りに、まったくのゼロから自己流で１つ１つ真剣勝負で積み上げてきた集大成だからです。

集大成といっても、現状にあぐらをかいているわけではなく、もうやんカレーは今日も明日も試行錯誤の過程で日々進化し続けています。

ちょっとかっこつけていうと、もうやんカレーとは、私の人生哲学そのものです。切ったり、炒めたり、ブレンドしたり、熟成させたり——人生には、まさにカレーづくりと同じように、たくさんの材料やスパイスや隠し味が、ぎゅっと凝縮されています。

この本は、もうやんカレーのエキスともいうべき、凝縮されたさまざまなエッセンスをひも解き、みなさまからいただく多くの質問に真摯にお答えするつもりで書きました。

この１冊に、「もうやんカレーの熱い秘密」がたっぷりこってりみっちり詰まっています。はっきりいって、中身が濃いです。

「もうやんカレーって、なんだかおもしろそう！」と単純に興味が湧いた方。

「並んでも、もうやんカレーが食べたい！」と通ってくれる常連客のみなさまや、遠方からやってくる熱烈なもうやんカレーファンのみなさま。

「オレもいつか飲食店をつくりたい！」と独立開業を目指している人。

「飲食店の成功ノウハウを知りたい！」という熱心なビジネスパーソン。

そんな方々に、この本をお読みいただき、ビジネスに、人生に、少しでもお役立ていただけるとうれしい限りです。

2015年秋

もうやんカレー 代表取締役 辻 智太郎

Moyan
も
もうやん
カレー

CONTENTS

行列ができるカレー店の秘密
「もうやんカレー」のつくり方

第2章 記憶に残る価値あるカレーとは？……49
もうやんカレーは奴隷がつくっている?!

第1章

なぜ、カレー屋なの？

もうやんカレーは、カレーではない！

「もうやんカレー」は自分の分身

「〝もうやん〟て、どんなイミですか？」

店名の「もうやん」のことを、カレーのジャンルだと思っている人や、何かのダジャレだと思っている人、どこかの国のおまじないの言葉じゃないかという人など、いろいろいますが、「もうやん」とは、私のあだ名です。

関西出身の親父が、名前の後に何でも「やん」を付けて呼ぶ癖があり、私は幼い頃から親父に「智太郎（ともたろう）＋やん」で、「ともやん」と呼ばれていました。「ともやん、ともやん」といわれているうちに、だんだん「もうやん」に変わっていき、いつしか友だちからも、「もうやん」と呼ばれるようになりました。

大人になっても私はみんなに「もうやん」と呼ばれ続け、人生の大半は本名より、「もうやん」と呼ばれることのほうが多かったため、自分の店の名を考える際も、「もうやん」が一番しっくりきたのです。

「もうやん」という、もよ～んとゆるい筆書きの店のロゴも、私の直筆です。

「もうやんて、ウマいよね！」とか「もうやんに、また来たいね！」などとお客さまが話しているのを耳にすると、最初の頃はちょっとこそばゆい感じでした。

今ではあだ名の「もうやん」を冠した店名は、私自身の分身のような存在だと思っています。

体力勝負のアスリートや人気タレントさんも常連に

「おっ、もうやん！」

あのタモリさんに、道でばったり会って、そんな風に声をかけられたことがあります。

実は、『笑っていいとも』が放映されていた時、タモリさんは毎週のように、アルタから共演者のタレントさんやスタッフさんを連れて、西新宿のもうやんカレーに食べにきてくれていた常連さんだったのです。

著名人がお忍びで来店されることは珍しいことではありませんが、ランチの時はほかのお客さまと同じように並んでいただいているため、タモリさんも毎週並んで食べにきてくださっていたのです。

しかし、タモリさんといえばプロ顔負けの料理上手で知られている人です。ご自身が試行錯誤の上に完成させたという伝説の「タモリカレー」は、実際に食べたというタレントさんたちも大絶賛しているほどです。

そんなカレーグルメで、しかも「1日1食」を実践している健康人のタモリさんが、毎週もうやんカレーを食べにきてくれたことは、大変ありがたく光栄なことだなあと感謝しています。


「あっ、もうやんさんだ!」

スケート選手の浅田真央さんや、お姉さんの浅田舞さんも、十代の頃からCM撮影などの際には、もうやんカレーのケータリングをよく指名してくれるので、私がスタジオにカレーを持っていくと、そんな風にニコッと笑顔でいってくれます。

「身体にいいカレーづくり」にこだわってきた身としては、身体づくりを人一倍大切にするアスリートや、ハードスケジュールをこなすべく健康に気遣っている人気タレントさんが、もうやんカレーを好んで食べてくださるというのは、つくづくうれしい限りです。

「身体にいいカレーづくり」にこだわるワケ

私が「身体にいいカレーづくり」にこだわり続けてきたのには、幾つかの大きな理由があります。

1つは、私が小さい頃、親父が不健康な食生活の末に倒れたことです。

高度成長期の当時、大手ゼネコンのモーレツ社員だった親父は、毎晩の接待続きで肥満になり、過労で倒れてからは何日も生死の境をさまよいました。

医者にも見放されるような状況でしたが、それまでの不健康な食生活を一変する食事療法に取り組んでからは、病状がみるみる回復し、一命をとりとめました。

それをきっかけに、食の大切さに目覚めた親父は、重役のポストを捨てて、荻窪で自然食専門ショップを始めました。

しかし、当時は「オーガニック」とか「アレルギーフード」といっても、みんな「はあっ？」という感じで、世の中にはまったく認知されていなかった時代です。家計はたちまち困窮し、100坪の豪邸暮らしから、一家5人で20畳ほどの借家住まいに……。

それでも、子どもながらに無農薬野菜を並べたりして家業を手伝うのが楽しく、「食の安全性」や「商売」の基本、「金銭感覚」を自然に学ぶことができました。

「中学を出たら、このまま家業を手伝いたい」

という私に、親父は「自分の足で生きていくためには、高校へ進学して何か身に付けてこい」と、伊豆大島の農業高校への進学を勧めてくれました。

見渡す限りの大海原。穏やかな潮騒。東京都内随一の豊かな自然に恵まれた大島の高校では、空手部や柔道部に所属し、真っ青な海でサーフィンを思いっきり楽しんだり、全周45kmの島を友人と毎日バイクで駆けたり、都心では考えられないような伸び伸びした生活を満喫していました。

授業でも、農薬や除草剤をあまり使わない野菜や果物づくりから、トラクターを操っての開墾、さらに豚の去勢をしたり、鶏をさばいて部位ごとに解体するなど、都会生まれ都会育ちの私には、どれも新鮮な体験ばかりでした。

時には授業で育てたスイカを、お腹が空いたのでこっそり食べてしまったなんてこともありました。

また、自然薯《じねんじょ》堀りなど授業で覚えたことを生かしたアルバイトもたくさんやっていました。自然薯を掘って売ると、1日5〜6万ものバイト代が稼げました。

大島名物の椿の実も、猿のように木から木へとひょいひょい飛び移っては、たくさん集めて売っていました。

趣味のサーフィンをする時も、シュノーケルを付けてサーフボードに乗り、海に潜ってトコブシを獲ってきてはサーフボードにペタペタ貼り付け、港で売ってバイト代を稼いでいました。

今思うと、当時から既に商魂たくましかったなあと思いますが、この時の体験も、私の食材へのこだわりに大きな影響を与えました。

もうやんカレーはカレーではなく"カレーもどき"?!

大学卒業後は、学生時代のアルバイトの延長で、スポーツ関連の会社に就職し、ジムのインストラクターやマッスルトレーナーをしていました。

仕事柄、栄養バランスのとれた朝飯をしっかり摂りたいけれど、毎日つくるのは面倒だったので、夜に栄養たっぷりの食事をつくり置きしておけば、朝は温めるだけでいいと思い、いろんな野菜を煮込んだ鍋のようなものをつくっていました。

幸い、当時は、寮費1万円の格安社員寮で暮らしていたため、食費には余裕があり、しかも近所の高級スーパーマーケットには品質のよい野菜やスパイスが豊富にそろっていました。

私はわけもわからず、毎回違う食材やスパイスをあれこれ鍋に投入し、時には「げっ」というシロモノができてしまうこともありました。

けれど、スパイスの使い分けや煮込み加減をだんだん心得ていくうちに、気が付くと、何やら〝カレーもどき〟の不思議な食べものができ上がっていました。

「もうやんのカレー、めちゃウマ！　しかも体調がすごくよくなるよね！」

「もうやんのカレーを食ってると、便通がよくなったよ」

寮の仲間たちにも、その〝カレーもどき〟は大好評でした。

それもそのはず、体に優しい旬の野菜と、漢方の生薬にもなる多彩なスパイスが絶妙に融け合ったその〝カレーもどき〟は、食物繊維やビタミン豊富で低脂肪・低カロリーな、超ヘルシー創作薬膳料理だったわけですから。寮の仲間たちはみな身体づくりのプロだったので、その健康効果を人一倍実感できたのでしょう。

舌も体も喜ぶ料理を提供すると、こんなにもみんなを幸せにできるのか——ということに初めて気付いた瞬間でもありました。

この〝カレーもどき〟こそ、後のもうやんカレーの原点になりました。

コロンブスがインドを目指して航海していたら、新大陸に偶然到達したように、もうやんカレーも、最初からカレーを目指していたわけではなく、身体にいい食事をつくろうと試行錯誤した結果、たどり着いたのが〝カレーもどき〟という新大陸だったのです。

料理の腕も経営スキルも資金もナイナイ尽くし

「そうだ、カレーショップをつくろう！」

〝カレーもどき〟の大絶賛に気をよくした私は、そんな一大決心をしました。

「将来は自分で商売しろ」「20代で社長になれ」

子どもの頃から、親父にそういわれて育ったので、自分の店を持つことはごく自然な成り行きのように思えました。

といっても、私はプロの料理人ではなく、〝カレーもどき〟をつくるのが得意なだけのシロウトです。サラリーマン生活をしながら、まずはあちこちの有名無名のカレー店を連日食べ歩き、世の中のカレーを徹底的に研究しました。

アフター5と休日をカレーの食べ歩きとカレーづくりに捧げており、脳ミソのひだからカレーがしみだしてきそうになるほど、カレーにどっぷりハマっていました。

「よくそんなに毎日カレーが食えるね！」

と人には驚かれましたが、逆に私は確信したのです。

「日本のカレーは毎日食べられる。カレー屋なら、必ず商売になる」ということを。

例えばインドカレーは美味しくても日本人が毎日食べようとすると食傷してしまいます。でも、日本でアレンジされた日本のカレーは、日本人の食文化にマッチすることを、カレーを研究すればするほど深く実感しました。

「カレーショップをつくるので、会社を辞めます」

ついに意を決して上司に話すと、最初は驚かれましたが、私の本気度が伝わると、「がんばれよ。オープンしたら食いにいくよ!」と温かく応援してくれました。

ただ、会社を辞めたものの、世間的に見れば私は、料理の腕も、飲食店経営のスキルも、経営資金も、ネットワークもナイナイ尽くしの、20代そこそこの無職でカレーオタクの若造にすぎませんでした。


「とりあえず、お巡りさんに聞いてみよう!」

ギャグマンガじゃないんだから……と、ツッコまれそうですが、当時はインターネットもない時代です。わからないことは、とりあえず図書館で調べるか、交番で聞けば何かわかるだろう、と私は大まじめに思っていました。

「飲食店開業の届け出や手続きなら、まずは登記所に行ってみたら?」

お巡りさんはちゃんと親切に教えてくれました。

登記所で飲食店開業について聞いた私は、まずは飲食店経営のノウハウを勉強しなければならないと思いました。

モチはモチ屋に学べ——カレーの名店で飛び込み修行

「モチはモチ屋に学ぶのが一番」

そう考えた私は、各地のカレーを食べ歩いた中でも気に入っていた神保町の名店『ボンディ』で修行しようと思い立ちました。

『ボンディ』といえば、日本初の欧風カレー店として知られる人気店です。

「カレーショップをつくりたいので、仕事を覚えるまで給料は要りませんから、修行させてくださいっ！」といきなり直談判したところ、身のほど知らずな私を快く受け入れてくれた懐の深い店主のおかげで、料理の段取りや作業効率、店をきりもりするノウハウを実地で学ばせてもらうことができました。ありがたいことに、給料もちゃんと出していただきました。

さらに、本格的なカレーソースづくりを身に付けるために、欧風カレーが美味しいと評判のフランス料理店『モンタニエ』（現在は閉店）で、修行させてもらいました。

料理の世界では、見習いから始めて、何年もかけて一人前になっていくのが当たり前といわれています。にもかかわらず、フランス料理の一流シェフから直々にカレーづくりの基礎から教わることができたのは本当にラッキーだったと感謝しています。

「人が3年かかることを、オレは3カ月で覚えるぞ！」

あの頃は、そんな意気込みで、学べることは何でもスポンジのようにどんどん吸収して自分のものにしようと必死でした。

味もスタイルも異なりますが、今のもうやんカレーには、この2つの名店で身に付けたエッセンスが脈々と息づいています。

必ず繁盛店にしてみせる！

調理のオペレーションや、カレーソースづくりの基礎を短期集中で叩き込んだ私は、自分の店を持つまで、親父の健康食品の店でオリジナルカレーソースを使った弁当を販売したり、一般レストランにオリジナルカレーソースを卸したりして、お客さまの反応を確かめながら、カレーソースの味を追求し続けました。

そうやって修業時代から開店資金をコツコツ貯めながら、出店にふさわしい物件を1年近く探し回っていた私は、ようやく「ここだ!」という物件に出会いました。

場所は、西新宿6丁目。高層ビル群と住宅街の中間にあるので、昼はビジネスマンやOLさん、夜は住宅街の人を狙えます。大通り沿いなので、看板を出せば、そのまま宣伝効果も狙えます。

テナントの敷地面積は、わずか17坪しかありませんでしたが、「ここに念願の店をオープンするぞ!」と思うと、狭さなどちっとも気になりませんでした。

開店するにあたって、どうしても足りない資金は、「店の売上げを返済に回すから」と、親父に頭を下げて貸してもらいました。

親父も小さな店をきりもりする身で、ゼネコン時代のようにお金に余裕があったわけではありません。それでも、「失敗を恐れずやってみろ」と、なけなしのお金を貸してくれたことに今も深く感謝しています。おかげで、父を通して銀行で融資を受けられました。

25歳で、借金3000万円。既に妻子もある身でした。

若さゆえに怖いもの知らずだったかというと、内心では密かにビビっていました。かみさんや、かみさんの家族には「成功する保証もないのに商売をするなんてリスクが高すぎる！」と大反対されていた手前もあり、何が何でも妻子を路頭に迷わせるわけにはいかなかったのです。

「必ず、必ず成功してみせる……！」

まだガランとしたテナントの空間をじっと見つめながら、心にそう固く誓いました。

わずか17坪の敷地にもうやんカレー第1号店オープン！

1997年11月10日、西新宿の高層ビル街と住宅街がちょうど交わる十二社通り沿いに、もうやんカレーの記念すべき第1号店がオープンしました。

折りしも、日本経済に大打撃を与える山一證券破綻のニュースが駆け抜け、師走間近の都心にはロングブーツの〝アムラー〟がそぞろ歩き、至る所で「CAN YOU CELEBRATE？」が流れていた……そんな今は懐かしい20世紀末の晩秋の日に、もうやんカレーは産声をあげたのです。

17坪にぎゅっと44席。猫の額ほどの店でしたが、自分の店をオープンさせるという願いが実現したことは、私にとってとてつもなく大きな歓びでした。

「もうやんカレー」という店の看板は、私がペンキで書きました。「字は人なり」といいますが、あの手書き看板も私の分身といえるかもしれません。

高校時代に大自然に囲まれた大島で過ごしたこともあり、店内は木の風合いをベースにした内装にしました。

客席の椅子は、丸太です。山梨の八ヶ岳高原にある天然食材で有名な食堂『仙人小屋』にあるワイルドな丸太椅子が好みだったので、それをイメージしました。

丸太の上のクッション部分は、今はアンティーク専門店で加工してもらっていますが、当時は節約のために自分でスポンジと布を買ってきて、画びょうでプチプチ留めてDIYしていました。

今だから告白しますが、オープン当時はその画びょうがゆるんで外れてしまい、お客さまのお尻に刺さって「いって～っ！」と大騒ぎになったこともありました……。

天井にいるでかいウミガメは、丸太椅子を加工してもらっているアンティーク専門店の方から譲り受けました。もちろん、本物のウミガメのはく製です

今でこそ、もうやんカレーは、「行列ができる大人気店！」とか「テレビランキングで何度も1位になった伝説のカレー屋！」「『TVチャンピオン』で店主が決勝進出した店！」「遊戯王のカードにも登場した店！」などと、テレビや雑誌でたびたび紹介されるような有名店になりました。

けれど、最初は西新宿の片隅にある17坪の店からスタートし、徐々に口コミでウワサが広まり、今のように支店も増えて、大勢の常連さんたちが通ってくれる人気店に成長していったのです。

今のもうやんカレーがあるのは、お客さまをはじめ、スタッフや家族、協力してくれた大勢の人たちのおかげです。

親父は数年前に他界しましたが、元気なうちに借金も完済できました。生前はしょっちゅうもうやんカレーに食べにきてくれていました。本当にありがたいことだなあと感謝しています。

オープン景気のジンクスを超えて

飲食店業界では、〝オープン景気〟というジンクスがあります。

オープンから2週間は、「どんなお店なんだろう?」という好奇心から、とりあえず界隈の人が続々とやってくるのです。

しかし、天からのご祝儀だとぬか喜びをしていると、足元をすくわれます。

「なあんだ、この程度の味か」

「サービスは悪いし、値段も高いな」

そう思われてしまえば、もう次はありません。客足は一気に遠のいてしまいます。

逆に、「ウマい! また来よう!」「この店気に入った! 人にも教えてあげよう!」と思わせればしめたものです。

お客さまはとても正直です。「イヤ」と思えばもう二度と行かないし、「スキ」と思えばまた足を運ぶ――それが、人の偽らざる習性というものです。

つまり、オープン景気とは、店のその後の明暗を分かつ、大きな試金石なのです。

華々しい開店の打ち上げ花火が終わったら、お客さまがいつの間にか消えていなくなってしまっていた……ではシャレになりません。

私は、オープン景気を見越して、開店日から2週間限定の「もうやんカレーオープン記念ランチビュッフェ」を実施しました。

まずは、「ひとりでも多くのお客さまに、手ごろな料金でもうやんカレーの味を思う存分味わっていただこう」と思ったのです。

「ウマい！　もうやんカレーをまた食べに行きたい！」

ランチビュッフェでカレーを食べていただいたお客さまにそう思っていただくことが狙いですから、安かろう悪かろうになってしまっては何の意味もありません。

私は選び抜いた食材とスパイスをふんだんに使って、全身全霊をかけてつくり上げた渾身のオリジナルカレーを惜しむことなく提供しました。

ふたを開けてみると、ランチビュッフェは大当たりでした。

毎日、お昼時になると、オフィス街からビジネスマンやOLさんたちが続々とやってきて、店の前にたちまち行列ができました。そのウワサが口コミで広まったのか、行列は連日途絶えず、カレーの評判も上々でした。

「こんなにお客さまに好評なら、もう少し続けてみようか」

そう思って延長しているうちに、2週間限定だったはずのランチビュッフェが、いつの間にかもうやんカレーの名物になっていったのです。

あのタモリさんも毎週並んで食べにきてくださったといいましたが、ほかにもビックリするような大物タレントさんが、お忍びでランチビュッフェの行列にさりげなく並んでいて目を疑ったことが何度もあります。

あまりにお客さまが多い時は、外に臨時の席をつくったこともあります。

広い店なら、お見えになるお客さまをすぐに席にご案内できるのですが、こればかりは悩ましいところです。

お客さまを幸せにする店を目指して

「1000円のカレービュッフェにドリンクまで付けて、採算とれるんですか？」

よくそんな質問を受けます。答えはイエスです。

もうやんカレー1号店は全44席でしたが、オフィス街のランチどきは回転が速く、満席で3回転するので、ランチだけでも1日に「44人（席）×1000円×3回転＝13万2000円」の売上げが望めました。

もうやんカレーは開店当初から食材やスパイスに徹底してこだわっているので、ビュッフェの原価率が5割と通常より高めです。

それでも1カ月に26日間営業していたので、ランチだけでも「13万2000円×26日＝343万2000円」の売上げがありました。ディナーを入れるとさらに売上げがありますし、食材費や人件費、光熱費などの経費を差し引いても十分に採算がとれました。

ドリンクは原価率が低いので、ドリンクを付けたところでそれほど経費がかさむわけではありません。それに、たいていのお客さまは、ランチ後にコーヒーなどを注文されるので、ドリンクもランチに含まれているほうが手軽でお得感があり、「またあの店でランチしよう！」というリピートの動機づけになります。

よく集客のためにドリンク券を配っている飲食店がありますが、最初からドリンクもランチ料金に含めたほうが、ドリンク券をやりとりする手間も省けるし、「ドリンク券を渡した」「もらっていない」といった手違いが生じるリスクもなくなります。


「行列ができるほど人気なんだから、ランチの値段をもっと上げては？」

そんなご意見をいただくこともありますが、もうやんカレーが目指しているのは、あくまでも庶民的なカレー屋です。

例えば、「こちらが当店のスペシャリテのポークバラ肉煮込みカレーでございます」などとタキシードのウェイターが、真っ白なテーブルクロスの上にうやうやしくサーブする……そんな高級店なら、ランチが1500円でもいいでしょう。

でも、オフィス街で求められているのは、昼休み時間内にサッと手早く食べられて、しかも満足感の高いランチです。

過剰なサービスでプラス500円上乗せするより、人件費を削減できるビュッフェ形式のセルフサービスで、「安くてうまい昼めしを食べたい！」というニーズにお応えするほうが、長い目で見た時、お客さまに支持されるのではないかと思います。

商売は、儲けが出ないと続けられませんから、採算を度外視したきれいごとだけでうまくいくものではありませんが、何はさておいても、お客さまに支持されなければ、店は必ず立ち行かなくなります。

お客さまに支持される店とは、すなわち「お客様を幸せにする店」です。

単に安いだけでは、お客さまは満足しません。

店の内装がカッコよくても、美味しくなければお客さまはがっかりします。

べらぼうに美味しくても、価格もべらぼうでは、庶民の幸せには結びつきません。

もうやんカレーのサービスやメニューは、お客さまのご要望を取り入れながらどんどん進化してきました。その根底にあるのは、「もうやんカレーに来てくれたお客さまをハッピーにしたい」というシンプルな思いに尽きます。

帰宅は週一、愛人はカレー

念願かなって店が繁盛しているのはいいけれど、それに慢心して、せっかく軌道に乗っている店を失速させるわけにはいきません。

オープンからクリスマスや正月もなく、3年間は、定休日もなく、昼夜を問わず仕事に明け暮れていました。

もうやんカレーは野菜や果実のみじん切りを何日もかけて炒めてつくるので、仕込みから完成まで2週間はかかります。

どんなに忙しくても、その過程で手を抜けば、もうやんカレーの味は出せません。


「もうやんカレーがまた食べたい！」

「もうやんカレーって、美味しいんだって。食べてみたい！」

そういって来店されるお客さまのために、何が何でもカレーのクオリティは絶対に守る必要があるので、オペレーションが確立するまでアルバイトのスタッフに任せきりにするわけにもいきません。

そうなると、深夜も家に帰れないので、しかたなく店のトイレに防水加工を施してシャワーを使えるように改造し、折り畳みのビーチベッドと寝袋を持ち込んで、店にずっと泊まり込みでカレーをつくっていました。

帰宅できるのは、せいぜい週に1度ほど。たまに帰ると、幼い子どもは、私のことを珍しそうに見ていました。


「どこかにかわいい愛人でもいたんじゃないの？」

とからかう人がいますが、あいにく私の愛人はカレーオンリー。

朝も昼も夜も、24時間365日、カレー愛一筋！

大切な自分の店なので、そんなハードな生活でも、まったく苦になりませんでした。

毎日、店で栄養満点のもうやんカレーを食べていたこともあり、休む間もなく働いていても病気ひとつせず元気ハツラツでした。

立ち退きのピンチを、売上げアップのチャンスに

店をオープンして5年ほど経った頃、ちょうど店のある土地が、新宿西口再開発の対象地区になっているという話が飛び込んできました。

「えっ、まさかウチの店が立ち退き?!」

やっと店が地域に根付いて、なじみ客も増え、月に1000万円はコンスタントに売上げも出せるようになっていたというのに……多少のことでは動じない私もさすがに焦りました。

17坪の小さな船でも、幸先よく船出して、ここまで順風満帆で航海していたのに、海の真ん中で突然、「その船を降りろ」といわれたような気分でした。

今の店を畳んで、どこか別の場所で新たに店を始めるということは、お客さまをゼロから開拓していかなければならないということです。

通勤地が変われば、店を辞めるスタッフも出てくるかもしれません。

自分の意志で店を移転するならいざ知らず、渋々移転して出直さねばならない事態に何

度も溜息が出ました。

立ち退き料も、店舗の敷地面積が狭いことから1600万円と単純計算されました。たとえ小さくても、年間で1億2000万円以上の売上げ実績を出していて、今後も継続的な売上げが見込める店なのに、これではあまりにも評価額が低すぎです。

カチンと来た私は、元不動産コンサルタントと元銀行員でプルデンシャル生命保険のブレーンに交渉を依頼して、立ち退き料を納得のいく金額にまで引き上げてもらいました。

立ち退き料はなんとかクリアしたものの、肝心の移転先は見つかりませんでした。

とにかく大切なお客さまだけは失いたくなかったので、立ち退きになる半年前に、1号店から200mほど離れた所に、2号店をつくりました。そのため、半年間はやむをえず至近距離にある1号店と2号店を同時に営業していました。1号店の立ち退き期限も迫ったある日、1号店の2軒隣が空いているのを見つけました。

渡りに船、とはまさにこのことです。すぐにその所有者のおじいさんと交渉し、そこに3号店をオープンしました。

つまり、現在、青梅街道沿いにある「もうやんカレー大忍具」が2号店で、新宿十二社通りにある「もうやんカレー利瓶具」が3号店です（1号店は立ち退きによって今はありません)。

こうした経緯で、結果的に西新宿6丁目に「利瓶具」、西新宿8丁目に「大忍具」と至近距離につくらざるをえなかったのです。

商圏がかぶれば、いやでも競合することになるでしょうから、今まで通ってくれたお客さまは恐らく5：5に分かれてしまうだろう……と覚悟していました。

ところが、至近にあるにもかかわらず、2店のお客さまの割合はなんと8:8に増え、売上げも1店舗だけの時の2倍近くにアップしたのです。

「災い転じて福となす」といいますが、立ち退きのピンチに屈せず、次の一手に転じたことで、ピンチをチャンスに変えることができました

第2章

記憶に残る価値あるカレーとは？

もうやんカレーは奴隷がつくっている?!

もうやんカレーって、何カレー？

第2章では、もうやんカレーの門外不出の秘伝レシピのヒミツや、オープン以来、増殖し続けてきたオリジナルメニューの秘話についてお話しします。

まず、よく聞かれる質問について。

「もうやんカレーって、何カレーなんですか？」

テレビや雑誌の取材などで、必ずといっていいほどこう尋ねられます。

第1章でお話しした通り、もうやんカレーの正体は、正確にいうとカレーではなく、〝カレーもどき〟です。〝もどき〟なので、インドカレーでも、タイカレーでも、何カレーでもありません。

とはいえ、日本にはいろんな種類のカレーがあり、何カレーかはっきりしないと、テレビや雑誌で紹介しにくそうなので、一番近いところで、「欧風カレーです」と答えています。

実際、私が修行したのも欧風カレーの店ですし、欧風カレーは日本の気候風土や食文化によく合うので、カレーづくりのベースにしています。

ただ、もうやんカレーはつくり方が欧風カレーとは決定的に異なっています。

欧風カレーはインドからイギリスを経由し、日本でアレンジされた日本人好みのカレーで、〝欧風〟といっても欧州には存在しません。

日本の老舗ホテルで提供されているような、フランス料理ベースのレトロで上品なイメージのカレーが、いわゆる欧風カレーです。

〝欧風カレー〟という呼び名を考えたのは、私がかつて修行した欧風カレーの老舗『ボンディ』の創業者・故村田紘一氏といわれています。この店が欧風カレーを庶民に普及する草分けになりました。

欧風カレーは、小麦粉をバターで炒めたもの——つまりフランス語でいうルウを使い、炒めた野菜をブイヨンで漉して伸ばしたものに、カレースパイスを加え、肉や野菜のスープで煮込んでつくります。

私はたたき上げの料理人ではないので、料理人にとっては当たり前のことでも、「なぜ?」と疑問を感じてしまうことがよくあります。欧風カレーの調理のしかたについても、「なぜ繊維質が豊富な野菜を漉して捨てちゃうんだろう?! もったいない!」と思わずにはいられませんでした。

そのため、もうやんカレーでは野菜を濾して捨てたりせず、ドロドロのスープ状になるまで丁寧に炒めて、繊維質も残しています。

小麦とバターのルウも使っていますが、通常の欧風カレーと比べると、その割合は極めて少量です。

スープも、欧風カレーの場合はステーキ肉の余った筋肉や骨などからフォン（ダシ）をとりますが、もうやんカレーは食材として余ったものではなく、コラーゲンたっぷりの上質な牛と豚の肉をベストな火加減で煮込んだダシを使っています。

肉のうまみをスープに生かしつつ、肉そのものの味もしっかり残す――その絶妙なポイントを心得ているので、肉は捨てず、カレーの具材として生かします。

スパイスも、欧風カレーの場合はターメリック、クミン、コリアンダーなどが調合された既成のカレーパウダーを使いますが、もうやんカレーでは、エキストラバージンオリーブオイルに、24～28種のスパイスを季節に合わせてブレンドし、その香りやエキスがじっくり染み込んだオリジナルスパイスを使っています。

カレーは「ナゾ」の食べもの！

「このカレーソースの原料は何でしょう？」

茶色一色に染まったカレーソースを前にそんな質問をされても、一見しただけで何が入っているかはまずわかりません。

「人は見た目が9割」といわれますが、「カレーはナゾが9割」です。

例えば、もうやんカレーのカレーソースとレトルトカレーのソースを、具だけを抜いて同じ器に盛っても、ぱっと見ただけでは大きな違いがわかりません。

味見をすれば、香りや味の違いはすぐわかると思いますが、中に入っている調味料やスパイスは、たとえプロの料理人であっても、完璧にいい当てることはできないはずです。

ちなみに、市販のレトルトカレーやカレールウの原材料をしっかりチェックしている人はよくご存知だと思いますが、市販食品の多くに豚脂（ラード）や牛脂が使われています。

原材料は多い順に表示されるので、もし最初に豚脂や牛脂、小麦粉が記載されていれば、商品の半分近くはそうした脂でできていることになります。そうなってくると、カレーというより、〝カレー風味の脂丼〟に近い食べものといえます。

豚脂や牛脂は、「飽和脂肪酸」の仲間です。飽和脂肪酸はヒトの体内で固まりやすく、中性脂肪やコレステロールを増加させる作用があります。

摂り過ぎると、肥満や動脈硬化、心筋梗塞、脳梗塞などの生活習慣病を招く原因になるといわれています。消化にもよくないので、市販のカレーを食べると胃もたれや胸やけがする人は、豚脂や牛脂が原因になっている可能性があります。

特に現代人は飽和脂肪酸を摂り過ぎている傾向があるといわれているので、もうやんカレーでは、調理用の油には、不飽和脂肪酸の中でも身体によいエキストラバージンオリーブオイルしか使用していません。

オリーブオイルはゴマ油などと同じ抗酸化作用の高い「オメガ9系脂肪酸」ですが、中でもエキストラバージンオリーブオイルは、オリーブの実を一番搾りにした、化学的処理されていない良質な植物性オイルです。

私はマッスルトレーナーをしていたことがあるので、食事の中身がいかに身体づくりに影響を与えるかということを経験的によく知っています。

今日食べたものが、未来の自分の身体の一部になる——そう考えたら、変なものは絶対に食べたくないですよね？

まして、変なものを人に食べさせるなんて、絶対にできません。

変なものとは、身体に悪影響を及ぼすものです。

もうやんカレーは、お客さまの身体に悪影響を与えるものではなく、身体によいものしか提供したくないので、調理油にはエキストラバージンオリーブオイルしか使わないのはもちろん、調味料にも食材にも徹底的にこだわっています。

お客さまを幸せにするということは、すなわちお客さまの体調をよくすることでもありますから。

豚脂や牛脂も、エキストラバージンオリーブオイルも、茶色いカレーソースに融けてしまえば、一見しただけで違いはわかりません。

しかし、たとえドロドロしたナゾの茶色い液体にしか見えなくても、もうやんカレーのカレーソースには、野菜やスパイスのエキスたっぷり、無添加で低カロリー、身体にやさしく、舌に美味しい食材のエッセンスが隅々までしみ込んでいます。

インドのスパイス使い、フランスのダシのとり方、中国の味噌や日本のダシの応用などなど、〝世界の料理のいいとこ取り〟をしたエッセンスの宝庫――それが、もうやんカレーなのです。

もうやんカレーは奴隷がつくっている?!

「奴隷たちも大変だな……」

人気漫画『テルマエ・ロマエ』の主人公である古代ローマ人の技師ルシウスは、現代の日本にタイムスリップしてきて、ウォシュレットなどの便利アイテムに出会うたびに、全て裏方の奴隷たちが必死に動かしていると考え、そうつぶやきます。

「まるで奴隷がカレーをつくっているみたいですね!」

取材でもうやんカレーのカレーソースのつくり方を説明していた時、そんなツッコミを受けたことがあります。

思わず笑ってしまいましたが、具材を焦がさないように炒める機械を店に導入する前は、私自身がまさに奴隷のごとく、朝から晩まで鍋の中の食材をひたすら炒め続けていました。具材を少しでも焦がしてしまうと、風味が落ちてしまい、それまでの苦労が台無しになるので、ノンストップで炒めなければならないのです。

もしその作業を全て人力で行うとすれば、4～5人の屈強な男が24時間不眠不休で炒め続けたとしても、丸2日間は確実にかかります。その絵面を想像すると、確かにローマ人もビックリの奴隷作業かもしれません……。

「なぜ、そんな大変な手間をかけてカレーをつくっているの？」

と不思議に思う人もいるでしょう。答えは簡単です。美味しくて、ヘルシーで、どこにもないオリジナルのカレーを提供したいからです。

もうやんカレーは、玉ねぎ、にんじん、セロリ、りんご、バナナ、トマト、ニンニクなどの厳選した野菜&果実を全てみじん切りにして大鍋に投入し、丸2日間炒めて煮込むところから始めます。

スパイスの仕込みから熟成させてカレーが完成するまで、がっつり2週間はかかります。野菜のみじん切りや煮込みに機械を使って、できる限りスピーディにしているのですが、時間効率より味を優先すると、どんなにがんばっても2週間は必要なのです。

最終的にはトロトロの滑らかなソースになって、野菜の形も見えなくなりますが、もうやんカレーには、カレーソースの重量の3倍以上の野菜がぎゅっと凝縮されています。玉ねぎだけでもカレー1皿に軽く1個分は入っています。

濃厚な野菜ポタージュのようなこっくりとリッチな味わいと、角の取れたまろやかな食感は、豚脂や牛脂だらけの脂っこいカレーや、激辛のエスニックカレーとは一線を画する、もうやんカレー独特のものだと自負しています。


食材は時季によって風味が違うので、野菜もスパイスも順次仕入れるのではなく、旬の時季に収穫した質のよいものを冷凍保存しておいて使っています。

ただ、旬といっても、生で食べる時の美味しさではなく、煮詰めてカレーにした時に最適であることがポイントです。

例えば、もうやんカレーに必須の玉ねぎですが、春先に出る新玉ねぎはみずみずしくて美味しいけれど、これをカレーソースに使うとなると水っぽすぎるし、大鍋で炒める時にハネで大変なことになります。

リンゴも、生で食べるには酸っぱいと感じるくらいのほうが、カレーには向いています。

フライパンでいろいろなリンゴを炒めて、いつ収穫される、どの品種が美味しいのかを食べ比べて研究しました。

もうやんカレーは、季節や産地によってそれぞれ異なる野菜や果実とカレーとのベストマッチを追究した集大成なのです。

記憶に残る価値あるカレー

「ぜひうちのコラボで商品をつくりませんか?」

ある有名な大手食品メーカーの担当者さんから、『もうやんカレー』という市販の商品を開発して一般に売り出そうという相談を受けたことがあります。

「店で出しているのとまったく同じ味にできるならいいですよ」

とお答えすると、その担当者は二つ返事で了解し、すぐにでも商品をつくろうという勢いで意気揚々と帰っていきました。

ところが、しばらくしてから、こんな返事が返ってきました。

「おたくの店の味と似たような味は何とかできたのですが、それをつくるにはどうしても食材費がかかってしまって、一般に市販できるような原価には到底ならないんですよ。大変残念なのですが、今回は見送らせてください」

もうやんカレーは、食材やスパイスにかけている原価が、通常のカレーの3倍はするので、その味を再現するために食材費がかかるのは当然です。

今となっては〝幻のカレー〟となってしまいましたが、もしそれが市販されていれば、全国規模でもうやんカレーの味を楽しんでいただけることになったので、実現しなかったのは残念でした。

ただ、大手食品メーカーでもうちのカレーを簡単に商品化できないことが証明されたわけですから、ちょっと誇らしくもありました。

もうやんカレーが理想としているのは、誰でも簡単にマネできるカレーではなく、唯一無二の「魂」のこもったカレーであり、全身の細胞に「ウマい！」という鮮烈な記憶が刻み付けられるような「記憶に残る価値あるカレー」です。

化学調味料を大量に投じて、脳を「ウマい」とダマすことはできても、身体はダマされません。本当に価値あるカレーとは、身体によいものだけが選び抜かれたカレーだと私は思っています。多種多様なカレーが存在する中、本当に記憶に残るのは、そんなカレーではないでしょうか。

秘伝「もうやんカレーの元」は、秘密工場でつくられている！

もうやんカレーで使っているオリジナルスパイスは、風味づけのためだけに配合しているわけではなく、体調を整える効果を考えて、漢方の専門家である新宿の漢方薬局「氣生（きお）」の久保田佳代さんに監修していただいています。

漢方薬剤師であり心理カウンセラーでもある久保田さんは、身体と心の両面をケアする漢方を研究しており、季節によって配合を変えています。

「医食同源」という言葉がありますが、24～28種類のスパイスがブレンドされた「もうやんカレーの元」はその極みといえます。

もうやんカレーの元は、エキストラバージンオリーブオイルにオリジナルスパイスを入れて熟成させたものをベースにしていますが、その手法やレシピは基本、私しか知りません。

実は、このもうやんカレーの元は、誰も知らない「秘密工場」でつくられています。秘密工場というくらいですから、その住所も公開していませんし、秘密工場で働いているスタッフも、いったい何をつくっているのか知りません。

秘密工場でつくられたもうやんカレーの元は、冷凍してもうやんカレーの各店舗に送られています。

もうやんカレーの元を秘密工場でつくり始めたのは、2号店がオープンしてからです。1店舗だけの時は、私が全てチェックできましたが、支店ができてからは、複数の店のチェックができず、味が狂う可能性が懸念されたので、セントラルキッチンとして秘密工場をつくったのです。

ここまで徹底して秘密主義を貫いているのは、親父が健康食品の店をやっていた時、オリジナル商品を開発しても、すぐに大手企業にマネされて、数カ月後には同じようなものが出回るという憂き目に何度もあっているのを見てきたからです。

東京オリンピックのエンブレム問題でもパクリ騒動が起きましたが、料理には特許や著作権がないので、店の魂ともいえる秘伝の味は自分で守るしかないのです。

もちろん、秘密工場でつくっているからといって、化学調味料をはじめとする身体によくない食材は一切使っていません。

調味用の塩は伊豆大島の天然塩「海の精」を使っているし、調理に使う油は先述の通り、上質なエキストラバージンオリーブオイルのみ。

調理に使う水も、特殊セラミックフィルターを通したクラスターの小さい柔らかな水を使っています。

見えない所まで手を抜かない。むしろ、見えない所に恐ろしく手間暇をかけている――それがもうやんカレーなのです。

もうやんカレーの
美味しさの秘密!

華麗なるスパイス30

もうやんカレーにはこれらのスパイスが
24~28種類ブレンドされています。
暑い季節はスタミナを付けるもの、
寒い季節は体を温めるものという風に、
季節によってスパイスの配合を変えています。

ターメリック

肝臓炎や胆道炎などに用いられ、漢方では止血効果があるとされているスパイス。ターメリックから抽出したクルクミンには、肝臓の解毒作用を上げ、ガラクトーゼ処理作用を促進させる効果もあり、肝機能を助ける効果もあるといわれています。

ナツメグ

下痢や腹痛を治す漢方薬や、乳腺の発育、消化不良などに使用されている天然薬剤。日本では古くから、食欲改善などに用いられてきました。

カルダモン

古くから健胃剤や消化管のガスを排除させる薬剤、消化薬として利用されています。芳香成分のシネオールには防腐作用があるほか、強壮効果や消臭効果もあるといわれています。

ペッパー

腸に溜まったガスを排除し、毒素の発生を抑える効果や、消化管のぜん動運動を促し、消化不良を改善する作用が見込めます。特にブラックペッパーは胃液の分泌を刺激し、食欲増進効果が望めます。漢方では発汗作用や感染症に用いられます。

コリアンダー

種子には消化促進や鎮静作用があります。

アジョワン

強力な殺菌・防腐作用や、腸内ガスの発生を抑える効果があるため、デンプン質の料理によく用いられます。インドでは二日酔いの薬にも利用されています。

アニス

殺菌、消毒、消化促進、口臭消しなどの作用があり、インドでは、食後にアニスの種子を噛む習慣があります。健胃整腸、去痰などの薬にも用いられています。

シナモン

古くから、内科的な病気の万能薬として利用されてきた代表的スパイス。主に発熱や悪寒、嘔吐などに用いられており、それらの薬理作用は主成分のシナミックアルデヒドによるものと考えられています。

クローブ

主成分のオイゲノールには抗酸化作用があるため、身体のアンチエイジングに役立ちます。クローブの精油から精製される丁香油は、切り傷や歯痛、やけど、ひび割れ、痔などに用いられていました。

オールスパイス

フトモモ科の植物で、主成分が同じオイゲノールのシナモン、クローブ、ナツメグの香りを併せ持つことから命名されたといわれ、抗酸化作用があります。別名ジャマイカペッパー。

チリ

唾液や胃液の分泌を促進し、消化を助けるほか、カプシサイシンには発汗作用があり食欲増進にも効果があります。アルコールエキスは神経痛などの温湿布に外用されています。

クミンシード

消化を促進し、胃腸内にガスがたまるのを防ぐ作用があります。インドやアジアの熱帯地域では、下痢や腹痛の治療薬や肝機能を高めるために利用されています。

キャラウェイ

古くは惚れ薬（ラブ・ポーション）の材料としても用いられていたスパイスです。甘く爽やかな香りの主成分はd-カルボン。健胃作用や消化作用があり、葉や根も野菜として食用に使われます。

フェンネル

身体を温め、食欲を増進し、消化を促進するほか、口臭予防効果もあります。薬用としては強壮、視力回復、漢方では健胃、駆風、去痰などに用いられています。

オレガノ

肉などの臭みを消すほか、防腐作用があります。古くは興奮剤や強壮剤、健胃、整腸、虫くだし、毒グモやサソリの解毒剤などとして用いられてきました。

タイム

肉の臭みを消すと共に、強力な殺菌・防腐作用があります。食欲増進作用や、健胃・整腸の作用があるほか、咳止め、気管支炎、風邪など呼吸器系の疾患にも効果があります。

コリアンダーシード

コリアンダーの種子を乾燥させたもので、種子の芳香成分は、癖のある葉の芳香成分とは異なり、万人好みの爽やかな香り。消化器系に効能があり、消化不良などの家庭薬として用いられています。

ローリエ

爽やかな芳香があり、料理の香り付けに使用されます。煮込むと微かな苦味が出てきます。月桂葉とも呼ばれ、芳香性の健胃薬に使われるほか、煎液は神経痛やリウマチに使用されます。

サフラン

パエリアやリゾットでおなじみの香辛料。めしべを乾燥させて用いられますが、大量の花からわずかしか得られないため高価です。鎮静、鎮痛や婦人病の生薬として利用されています。

セージ

古代ローマ時代より免疫を助ける薬草として使われているハーブ。殺菌力、消化促進、解熱、浄血作用、抗酸化作用、鎮静作用に優れています。

チンピ

ミカンやダイダイなどのかんきつ類の皮を乾燥させたスパイスで、日本では七味唐辛子に使われます。健胃、止嘔、去痰など効能が望めます。

タマリンド

熱帯産のマメ科の植物の果実で、カレーやお菓子などの食用をはじめ、民間薬として用いられてきました。独特の香りと酸味、とろみがあり、疲労回復効果や整腸作用、メタボ予防、動脈硬化予防の効果も期待できます。

カンゾウ

カンゾウ（甘草）はマメ科植物の根・茎を乾燥させたもので、薬理作用として、胃潰瘍の修復、抗炎症、抗アレルギー、解毒、高脂血症改善、鎮静、肝障害抑制、去痰などの作用があるといわれています。

スターアニス

八角ともいわれ、独特の甘い香りを持つ香辛料です。生薬として、脱腸や食欲不振、消化不良、脚気、血行障害、腎臓虚弱による嘔吐などの治療にも活用されています。

ディル

鎮静作用があり、頭痛、消化器官や呼吸器系の障害に有効です。また、利尿の作用もあるので、腎臓、膀胱など循環器の障害にも使用されることがあります。葉には殺菌作用があり、生の魚介類の付けあわせにも効果的です。

マスタード

ヨーロッパ産のカラシナ。その種子を粉にした調味用の洋芥子はサンドイッチなどでもおなじみです。消化促進、鎮痛、消炎、新陳代謝の活性化などの作用があります。

ショウガ

香辛料とや食材としてはもちろん、身体を温めて、免疫力を高めるため、風邪の療法によく用いられています。生薬としては発散、健胃、保温、解熱、消炎、鎮吐など多くの薬効が望めます。

ガーリック

世界各国の料理で用いられる香味野菜の代名詞的存在。独特の香味は食欲を増進させ、糖質の分解を促すアリシンが含まれているので疲労回復や体力増強、滋養強壮に効果もあるといわれています。

フェヌグリーク

日本ではコロハと呼ばれており、種子が滋養強壮、栄養補給、食欲増進、解熱剤として使われています。糖尿病、高コレステロール、高血糖、便秘などの改善に効果があるといわれています。

カスメリテイ

フェヌグリークの種子を発芽させて育った葉を乾燥させた香辛料。種子同様にやや苦味があり、インドでカレーや豆料理などの風味付けに使われます。乾燥した状態でもタンパク質やミネラル、ビタミン類を多く含んでいます。

もうやんカレーの

「華麗粉(かれいこ)」のスペシャルブレンド

もうやんカレーの各テーブルに置いてある「華麗粉」のオリジナルブレンドに入っているスパイスはこれ!

《**山薬**》 精力剤　滋養強壮　足腰力
《**枸杞の実**》 目の疲れ　肝臓　目まい　頭痛
《**紫蘇葉**》 解毒　デトックス　食べ過ぎ
《**エゾウコギ**》 抗ストレス　胃潰瘍　精神的不安　緊張をほぐす
《**銀杏葉**》 血行促進　抗酸化作用　記憶力アップ　脳血管障害
《**桂皮**》 発汗　発散　健胃
《**大茴香**》 胃腸温め　食欲不振
《**生姜**》 健胃　食欲不振　発汗　咳止め
《**薄荷**》 発汗　熱さまし　消化不良　頭痛

最初のディナーメニューは5種類のカレーしかなかった

「どんだけメニューがあるの?!」

「いっぱいあり過ぎて迷ってしまう！」

初めてもうやんカレーに来店されたお客さまは、メニューを見るとたいていそういって驚かれます。

あまりにページが多くてメニューがずっしり重いので、最近メニューを見やすく刷新しましたが、実はオープン当初はメニューがペラ1枚でした。

昼はランチビュッフェで、夜のメニューは、ビーフ、ポーク、チキン、エビ、チーズの全5種類のみ。飲みものはビールだけ。サラダはもちろん、デザートもありませんでした。

「うちはカレー屋なんだから、カレーで勝負したい」と思っていたからです。

それに、メニューの種類を増やすと、作業も煩雑になって手間が増え、スタッフを増員しなければならなくなるので、安易にメニューを増やすのは得策ではないと考えていました。

ただ、夕方以降になると、客足がなぜか伸び悩んでしまうのです。

「何が問題なんだろう?」と、お客さまをよくよく観察してみると、ディナータイムに来店される方のほとんどは会社帰りのサラリーマンで、9割はビールを注文されるのですが、その際に必ずといっていいほど、こう尋ねられたのです。

「カレー以外に、何かつまめるものはないですか?」

「そうか! カレー以外のメニューも必要なんだな」と気付き、お客さまのご要望に合わせてメニューを実験的に増やしてみました。

すると、メニューを増やした分だけ、夜の来店数も増え、客単価もそれまでの倍以上にアップしたのです。

さらに、女性同士で来店されるお客さまも増えたことから、ビールだけでなく、カクテルやデザートのメニューにもこだわるようになっていきました。

「うちのカレーはとにかく野菜たっぷりだから、これ以上野菜は必要ない」と思っていましたが、女性のお客さまに「サラダはないんですか?」と聞かれることも多く、野菜メニューについても増やしていきました。

オープン当初は、私自身も20代だったので、「とにかく肉肉肉!」と思い込んでいましたが、年齢を重ねるにつれ、それ以外のメニューを求められるお客さまの気持ちがだんだんとわかってきました。

長年通ってくださるリピーターのお客さまも、家庭を持つと夜はなかなか顔を見せられない方が増えてきました。

そんな方がお子さまと一緒に気軽に食べに来られるように、「お子さま用カレー」もメニューに加えました。

今は、ごはんの量やカレーの辛さを細かく選べるのはもちろん、カレーのトッピングや、無料で提供しているジャガイモのトッピングも選べるようにしています。

１００人お客さまがいれば、１００通りのお好みがあります。個々のお好みに合わせてカスタマイズを楽しんでいただきたいという一心で、メニューの選択肢をどんどん増やしていきました。

やはりお客さまのニーズを理解し、それに最大限応えていかなければお店は成り立ちません。店舗経営とは、お客さまと共に進化していく、永遠の改革なのです。

9割のリピーターに選ばれた珠玉のメニュー

もうやんカレーの秘伝のカレーソースは、オープン当初からブレがなく、スパイスなどが季節によって変化することはあっても、味に大きな変化はありません。

最初は5種類しかなかったというのが信じられないほど、カレーのメニューも多彩になっていますが、基本的にはもうやんカレーのカレーソースをベースに、具材などをアレンジしたものです。

「さすがにちょっとメニューが増えすぎかなあ」と思ったりもするのですが、どれもお客さまに評判がよいので、なかなか減らすことができません。

もうやんカレーのお客さまは9割がリピーターなのですが、さすがもうやんカレーの味を知り尽くしている上級者だけあって、「○○カレーにごはんは8分盛りで、トッピングにアボカドを付けて」という風に、もうやんカレーを自分流に楽しむ術をばっちり心得ていらっしゃいます。

「昨日からずっと、明日はもうやんの和牛ほほ肉のカレーを食うぞ！って決めてたんですよね」などと、来店前からオーダーを決めて来る方も珍しくありません。

もうやんカレーのメニューには、そんなリピーターの方の声を取り入れてつくったメニューもあります。

数あるメニューの中から、幾つかのメニューの誕生秘話をご紹介します。

これを知っているだけで、もうやんカレー通になれます！

Ⓜ和牛ホホ肉ビーフカレー

オープン当初からあった初期メニューの1つです。

銀座のフランス料理店『モンタニエ』で修行していた時の経験から生まれました。当時、貸切りのビュッフェパーティがあり、最後に残ったものを夜のまかないとして食べたのですが、ほとんどの料理がカッピカピに乾いてしまっている中、和牛ホホ肉の赤ワイン煮だけは例外でした。保温し続けていたことで煮込まれた和牛ホホ肉は、最初に出した時よりもさらに美味しくなっていたのです。

その時、「ビーフカレーをやるなら、この肉を使おう！」と思いました。

今はそれほど珍しくなくなりましたが、開店当時は和牛ホホ肉というと、フレンチやイタリアンでしかお目にかからない食材でした。

人気テレビ番組『料理の鉄人』で、フレンチのシェフが料理に使ってから市場に一気に広まり、肉の価格も一気に高騰してしまいましたが、もうやんカレーでは今も変わらず、夜は和牛ホホ肉を提供しています。

(も) チーズカレー

これもオープン当初からあった5大メニューの1つです。

私が最初に修行に飛び込んだ欧風カレー店『ボンディ』では、ごはんの上にゴーダチーズを砕いてトッピングした「ライスチーズ」を提供しており、チーズが溶けた「チーズカレー」も店の名物でした。

当時、よくまかないでゴーダチーズを山盛りに入れ、カレーソースに溶かして食べていたのですが、その際、「ゴーダチーズはカレーとめちゃめちゃ相性がいい！」と感じていました。「チーズが多いほどウマい」と思ったので、オランダ産ゴーダチーズが『ボンディ』のチーズカレーの2倍たっぷりとろけたチーズカレーをつくりました。

㊭チキンカレー

これも、初期メニューの1つです。

最初は塩コショウで味付けをしていましたが、まかないでチキンを食べている時、中華の味付けで食べたら、カレーとの相性がすごくいいことに気付きました。

そこで、チキンを甜麺醤やオイスターで中華風の味付けにしたカレーにチェンジしたところ、お客さまからも大人気のメニューになりました。

㊭ポークカレー

これもオープン当初からの定番メニューですが、チキンカレーと同様に、実は少しマイナーチェンジしています。

一般にポークカレーというと、肩ロースを使っていることが多く、もうやんカレーでも当初はポークカレーに肩ロースを使用していました。

けれど、肩ロースは時間経過と共にカレーソースの中で固くなってしまうという難点がありました。

そこで、いろいろ試してみた結果、さしの多い豚ばら肉に変えたところ、時間が経っても、肉が柔らかな状態でお客さまに食べていただけるようになりました。

㋲ 北上まきさわ工房のソーセージカレー

銀座の『モンタニエ』で修業していた頃、フレンチのシェフに、カレーの具材について相談したところ、そのシェフが岩手出身だったことから岩手県の名物『北上まきさわ工房』のポークを使ったステーキをすすめられました。

北上まきさわ工房のポークとは、本場ドイツ農業協会（DLG）の国際商品コンテストのハム・ソーセージ部門でも金賞を受賞しているブランド肉です。

試食してみると、ポークステーキは分厚かったので、カレーには使いにくいと思いましたが、ソーセージとベーコンのウマさに驚きました。

そこで、北上まきさわ工房のガーリックソーセージ、ペッパーソーセージ、チョリソーに、炒めたベーコンの4種類が楽しめる欲ばりカレーをつくりました。

「ソーセージカレー」というネーミングですが、絶品のまきさわベーコンの旨味がかなり効いています。

㊱ドライカレー

以前、もうやんカレーにいたスタッフの中に、イタリアンレストランで働いていた人がいました。そのスタッフが、もうやんカレーの生のルウを見て、「これをひき肉で伸ばしたら、絶対に美味しいと思いますよ！」と提案してくれました。

「そうか、じゃあやってみようか」というノリで試してみたら、本当に美味しくなったので、目玉焼きもプラスして、もうやんカレー初の「ドライカレー」が誕生しました。

㊱ラタトゥイユカレー

ラタトゥイユはカレーとは別にメニューの中にあったのですが、当時は私もスタッフも若かったので、カレーに野菜を組み合わせるという発想がありませんでした。

「カレーに野菜？ 野菜ならソースにたっぷり仕込んであるでしょ」

「やっぱ肉でしょ、肉！」

しかし、ある時、ドライカレーの付け合わせで置いてあったラタトゥイユを見て、「ドライカレーにラタトゥイユを乗っけたら、ひょっとして美味しいかも？」とふと思い、試してみたら、これまたどんぴしゃり！

ラタトゥイユ自体は、ニンニクがやや多めながら、オーソドックスなフレンチのつくり方で仕上げていますが、ほかにはない独特の味わいのオリジナルカレーができました。

㊩ アボカドカレー

今や、もうやんカレーを代表する大人気メニューの1つになった「アボカドカレー」ですが、誕生のきっかけは、「ミスユニバース」でした。

アボカドは、〝森のバター〟といわれるほど高カロリーなので、ダイエットの敵とみなされ、女性は敬遠しがちな果物でした。

ところが、もうやんカレーの渋谷店『もうやんカレー２４６』を開店した頃、ミスユニバースに選ばれた日本人のアメリカ人トレーナーさんが「アボカドは太らない。美と健康のために毎日食べたほうがいい」といったことから、アボカドが一気に人気者になりました。

そこで、アボカドをまるごと乗せて二つ割にして、種のくぼみに特製タルタルソースをとろっと流し込んだ、見た目も味もインパクトのある絶品アボカドカレーをつくりました。

ただ、アボカドは食べ頃のタイミングがあるので、はじめは数量限定で提供していましたが、あまりに大好評だったので、今は定番メニューになっています。

ついでにアボカドカレーの写真をプリントしたTシャツまでつくったほどです。

ⓜ 直角大根カレー

私が大根好きなこともあり、大根を煮込んだ野菜カレーを試行錯誤してできたメニューです。おでんの大根より、中華料理風の大根が好きなので、ちょっとおもしろい調理法でつくっています。

まず、大根を皮付きのまま切って乾燥させます。

次に、エキストラバージンオリーブオイルで表面をカラッと揚げて水分を飛ばします。

それを和風ダシで軽く煮て、しばらく置いておくと、揚げてあるのでダシをたっぷり吸った美味しい揚げ出し大根ができあがります。

普通に大根を煮込むと煮崩れしてしまいますが、この調理法だと煮崩れも防げます。通のお客さまの中には、タパスの大根を注文して、カレーにトッピングされている方もいらっしゃいます。

㋲ 皮付き角煮カレー

これも私の好物から発想したメニューです。私は子どもの頃から中華料理のトンポーローが大好きで、小学生の時に初めてつくった料理もトンポーローでした。

通常のトンポーローは蒸してつくりますが、もうやんカレーではじっくり煮込んで角煮にしています。

皮付きにこだわるのは、皮の下の層にプルプルした一番美味しい部分があるからです。以前は皮付き豚の入手が難しかったけれど、今は入手しやすくなったので、美味しい皮付き角煮をカレーに使用しています。

㋲ きのこカレー

もうやんカレーの丸太椅子は、山梨の山奥にある『仙人小屋』という食堂の雰囲気が好きだからといいましたが、もうやんカレーの「きのこカレー」も、『仙人小屋』の名物きのこ汁にインスパイアされたものです。

『仙人小屋』のきのこ汁は20種のきのこを煮ただけの素朴な料理なのですが、これがもう絶品で、十代の頃から毎年のように食べにいっていました。

しかし、独立してからは忙しくて食べに行く時間もなくなってしまったので、「せめてあのきのこ汁のウマさを自分でつくれないものか……」と思案していました。

知り合いの料理人からきのこマリネのつくり方を教わったりして、あれこれ試しているうちに「これをカレーに乗せたら美味しいんじゃないかな？」と思いつき、シイタケ、エリンギ、シメジを乗せたカレーをつくってみました。

試食すると、案の定、絶品だったので、そのままメニューにしました。

㋲炒め野菜カレー◇◇

キャベツサラダをメニューに追加してから、常にキャベツがあるため、それを野菜炒めにして、まかないとして時々食べていました。

シンプルながら、シャキシャキしていて案外ウマかったのですが、さすがにキャベツを炒めただけの料理をそのままメニューに出すわけにはいきません。

「ほかの野菜も何種類か加えて彩りをよくしたらどうでしょう？」というスタッフの提案で、「炒め野菜カレー」をつくってみました。

「カレーにたっぷり野菜が溶け込んでいるんだから、これ以上野菜は要らない」とずっと思っていましたが、そうではなかったことがわかりました。

野菜は中華の味付けになっており、カレーと合わせると味に深みが増します。

この「炒め野菜カレー」をベースに、さらに野菜を盛った「ハード野菜カレー」は、厚生労働省が推奨する野菜摂取量350gを一皿で摂れるのがポイントです。

Ⓜ ホルモンカレー

香港に行った時、現地のガイドさんに観光地ではない所を案内してもらったのですが、九龍島の奥にある一角で、怪しい屋台に出会ったことがあります。

その屋台は決してきれいとはいえず、かなり猥雑な雰囲気なのですが、そこに、地元の労働者風情のおっさんたちから、ハイヒールのセクシーなお姉さんたちや、ロールスロイスで乗り付けるパリッとした紳士まで、行列をなしてみんながこぞって食べていたのは、おでんのようにぐつぐつ煮込んだホルモンでした。

その妙なインパクトが忘れられず、牛の厳選した内臓を煮込んだホルモンカレーをつくりました。

㋲ エビ20辛炒め

このメニューは、私がいっときハマっていた2つの店のメニューがヒントになって生まれました。

1つは、映画『フォレストガンプ』に登場する『ババガンシュリンプ』というエビ料理店。ハワイや東京の後楽園にも同名の店があり、バスケットに山盛りの殻付きエビが出てきます。私はこれを3つぐらい注文して食べていました。

もう1つは、銀座にあるカレーの名店『デリー』。ここのタンドリーチキンにカレーをかけた料理がまた絶品でした。

毎週、この2店のいずれかでエビかチキンを食べていたわけですが、エビは殻をむくのが面倒だし、チキンはもっと辛くてもいいなと思うようになりました。

そこで、そうした不満を解消した料理を自分でつくろうと思い、20尾の殻なしのエビをスパイスたっぷりの20辛ソースで炒めたものをカレーに乗せたメニューが誕生しました。

Ⓜ全部カレー

その名の通り、初期メニューのビーフ、ポーク、チキン、エビ、チーズの全てを入れたカレーです。

私が銀座の『モンタニエ』で修行していた頃、外交官のマダムがひいきにしてくれて、もうやんカレーを開店してからもしょっちゅう食べに来てくれていました。

そのマダムが、お仕事でなかなか来店できなかった時、「あれもこれも食べたいから、1度に全部楽しめるように、全部入れちゃってよ!」といわれたのです。

その当時のメニュー5種類を全部投入してつくったのが、「全部カレー」というわけです。

Ⓜねぎダレ

近所の焼肉屋さんで食べたタン塩にかかっていたねぎダレが美味しかったので、何度もスタッフと通ってつくり方を研究しました。

そのねぎダレを参考にしながら、カレーに合うようにニンニクやショウガの割合をプラスして、中華料理の蒸し鶏にかかっているねぎダレのようなイメージの一品に仕上げました。

当初はねぎダレをトッピングとして提供していましたが、カレーにすごく合うので、「カルビカレー」「トマトカレー」「ホルモンカレー」やタパスなど、ねぎダレを生かしたメニューを充実させました。

㋲ランチビュッフェ弁当 ◇◇◇◇◇◇◇◇◇◇◇◇◇◇◇◇◇◇◇◇◇◇◇◇◇◇◇◇

ランチビュッフェを持ち帰って食べたいお客さまのために、当初、好きなカレーを詰められる大弁当（980円）を用意していました。

しかし、意外と弁当が出なかったので、やや値段を抑えて、容器も一回り小ぶりにしたプチ弁当（600円）を出したところ、女性のお客さまから好評を得ました。たまに山盛りによそって、弁当のふたが閉まらないお客さまもいますが、あくまでもふたが閉まる分量でお願いしています。

㊦ブルンブルン杏仁豆腐

ある餃子屋さんでデザートに食べた杏仁豆腐が、普通の杏仁豆腐に比べて弾力が強く、ブルンブルンだったのに触発され、「うちでもこのブルンブルンの杏仁豆腐をつくりたい！」と、スタッフと毎日食べに行って研究しました。

当時、洋食に詳しいスタッフがいたので、生クリームを入れたりして試行錯誤を繰り返した結果、その餃子屋さんの杏仁豆腐を超える超ブルンブルンな杏仁豆腐が完成しました。名前もそのまんま「ブルンブルン杏仁豆腐」にしました。

通常の2倍以上の杏仁露をぜいたくに使い、ココナッツにアマレットリキュールの香りがフワッと香るこの杏仁豆腐は、浅田真央さんにも好評です。

㊦水出しチーズケーキ黒蜜がけ

近所のチーズケーキ屋さんのレアチーズケーキにハマってしょっちゅう食べているうちに、「この美味しさを濃縮したチーズケーキを自分でつくってみよう」と思ったのがきっかけで、つくりました。

パティシエ経験のあるスタッフに相談すると、クリームチーズにいろいろ加えて理想的なチーズケーキをつくってくれたので、メニューに加えました。

時間をかけて丁寧に水分を取り除いた究極のまろやかなコクと食感を堪能できます。黒砂糖とハチミツだけで甘味料は使っておらず、本物の黒蜜がかかっているところもポイントです。

㋲ココナッツアイス

当初はイタリア直輸入のココナッツアイスを提供していましたが、入手が難しくなったので、有名ホテルなどにも卸しているジェラート工場に相談してみました。

すると、もうやんカレー用にココナッツアイスをつくっていただけることになり、本場のイタリアンジェラートもびっくりのハイレベルなココナッツアイスが完成しました。

㋲ルイボスティー

オープン当初は、昼はコーヒー、夜はビールしかありませんでした。

当時、知人がルイボスティーを扱っていたので、紅茶の代わりにルイボスティーを提供することを思いつきました。市販のルイボスティーは高価ですが、知人のお陰で安く入手できるので、今でも無料で提供しています。

ルイボスティーは、抗酸化作用や活性酸素除去に効果があるといわれており、ノンカフェインで、カレーにもよく合うので、ランチやディナーの際に、たっぷり飲むことで、お客さまの健康に役立つと考えています。

実は、牛ほほ肉や豚肉を煮る時の隠し味や、カレーの隠し味にもルイボスティーを使っています。もうやんカレーは、見えない所までとことんヘルシーなのです。

メガトン盛りから仏《ほとけ》盛りまで、ごはんの量もお好みで！

もうやんカレーでは、ごはんの量も細かく選べます。

「普通盛り」は300gです。女性には「全然フツーじゃない!」といわれますが、男性にとっても多めの量です。さらに「大盛り(500g)」や「メガトン盛り(ごはん700g)」というのもあります。若い頃の私は1食で500gぐらい平気で食べられたので、ごはんの量は多いほうがお客さまに喜ばれるだろうと思い、サービス精神で量を多めにしていたのです。

いっときは、さらにその上をいく「ミレニアム盛り(2kg)」というのもつくっていました。ギャル曽根ちゃんをはじめ、大食い系のお客さまがたくさんお見えになりましたが、大食い専門店と勘違いする人が出てきたので、やめました。

そんな折、女性スタッフから、「私はお酒を飲んで、つまみも食べて、カレーも食べたいんですけど、普通盛りの量はとても食べきれないから、少なめの盛りにできませんか？」といわれました。

それがきっかけで、「八分盛り(200g)」が生まれ、「五分盛り(150g)」や仏壇にお供えするごはんをイメージした「仏盛り(100g)」というのまでつくりました。

第4章で詳しくお話しますが、もうやんカレー式ダイエットをされる方は、ごはんを控えることがダイエット成功につながります。

今は私も八分盛りか五分盛りで食べることが多くなっています。

第3章

繁盛カレー店の条件とは？

店舗経営の秘伝スパイス「もうやん格言」

スタッフ育成もカレーづくりも丁寧に

どんなに魂を込めて美味しいカレーをつくっていても、それをお客さまに提供する店のスタッフに心がなければ、台無しになってしまいます。

スタッフの育成についても、カレーづくりと同じくらい意識を払う必要があると考えています。

子どもの頃から親父に「20代で社長になれ」といわれていたので、大学の卒業論文も「大きくなる中小企業と人の使い方」という、ビジネス書みたいなタイトルでした。

中高生時代の愛読書も、世界的なベストセラー自己啓発書として知られるデール・カーネギーの『人を動かす』『道は開ける』『カーネギー名言集』の3冊です。

というと、まるでものすごい読書家の少年だったみたいですが、3冊とも親父に勧められたものです。当時の私は『北斗の拳』や『こちら葛飾区亀有公園前派出所』の漫画しか読んでおらず、カーネギー以外に本らしい本は読んでいません。

カーネギーの本はどれも非常に分厚い本でしたが、十代の頃から何度も何度も繰り返し読んだので、その考え方が自分の血肉のように身体に染み込んでいます。

親父がクリスチャンだった影響で聖書も多少読みましたが、私自身が熱心なクリスチャンなわけではありません。聖書もカーネギーの本も、根底にあるのは、人間の習性に対してどうすべきかという思想であり、人と接する際の原則です。

これらの本から学んだことは、店の人材育成に役立っています。

人間が2人いれば組織

人間は2人いれば組織なので、どんなに小さな店であっても、1人雇えば組織です。基本的には相手のやり方を真っ向から否定せず、それを受け入れることが必要だと思っています。

ねぎのみじん切りのしかたひとつとっても、人によってやり方はそれぞれですが、仕上がりや所要時間が変わらなければ、やり方が違っても構いません。

かつて、私は自分1人でカレーをつくっていましたが、「ここから先は、1人ではできない。人に任せないと店が回らない」という限界がわかります。

店のスタッフには、そうした〝限界〟までムリをさせようとは思っていませんが、限界を10としたら、その8割までできるようになってほしいと考えています。

基本的に、店の利益とスタッフの能力の高さ・時給・労働時間は切り離せません。今まではニュアンスでスタッフの能力を評価していましたが、それでは正確な評価ができないので、今はマクドナルドの方法論を取り入れて、評価を数値化して一覧表にして店に貼っています。

例えば、「ねぎのみじん切りを5分以内にできる」という項目について、実際に時計で計ってみて、スタッフが「自分はできている」と思えば◯を付けます。私も「このスタッフはできているな」と思えば◯を付け、時給を10円上げます。でも、私が「このスタッフはできていると思っているけれど、実際はできていないな」と判断すれば×をつけ、時給は上げません。この方法なら公平ですし、スタッフみんなが見える所に貼ってあるので、「よし、オレもがんばるぞ！」と、スタッフのモチベーションアップにもつながります。

「お客さま第一主義」を貫く姿勢

もうやんカレーのスタッフの中には、オープン当初から長年働いてくれている人もいますし、一度辞めたけれどまた戻ってきてくれたスタッフもいます。

はじめはお客さまとして来店され、もうやんカレーに魅せられるあまり、お店で働くようになったというスタッフもいます。

どんなスタッフにもいえることですが、店が存続できているのは、お客さまのおかげなので、お客さまへの感謝の気持ちを決して忘れてほしくはありません。それが、仕事の全てのベースになっていますから。

「お客さま第一」という気持ちを持って接客できれば、スタッフそれぞれの持ち味や感性を大切にしたいと思っています。

ただ、細かなことは具体的にいわないと気付かないスタッフもいるので、「毎日厳守」というマニュアルをつくっています。

「ランチ営業中のビュッフェ台の料理やソース、肉の残量、ライスなどをしっかりチェッ

クする。ビュッフェ台もキレイにする。ジャーの内側・外側やまわりやカレーの飛び散り、

コーヒーまわり」

「エアコンの温度は自分たちの感じる1度高めで設定する。常に動いている自分たちに合わせない」

「テーブル上の電球かさの掃除。ワイヤーや小物などホコリ汚れ。お客さまの目線上は特にキレイにする」

などなど、細かいと思われるかもしれませんが、毎日店にいると、汚れていてもうっかり見逃してしまったりすることがままあるのです。

しかし、お客さま目線で見ると、そうしたことがいろいろ気になるものです。

お客さま第一主義を徹底するには、ルーティンワークでうっかり忘れがちな日々の注意事項を視覚化して、常にスタッフに意識してもらうことが大切です。

もうやんカレーの全店舗では、こうした注意事項を「毎日厳守」としてスケッチブックに手書きして、スタッフの目に付く所に置いています。

スケッチブックは20枚近くあり、1ページに1つの注意事項を表裏を使って書いているので、項目は全部で37個あります。毎日そのスケッチブックをめくると、1つのマニュア

ルが目に入ってくるようになっており、1カ月強でスケッチブックが一巡すると、また最初のページに戻ってめくっていくのです。もしこれをスタッフがめくり忘れると、時給がダウンするようにしています。

もうやんスタッフしか知らない「もうやん格言」とは？

実は、このスケッチブックには、もう1つ大切なことが書かれています。

それは店長候補のスタッフに向けた一種の精神論です。

その名も「もうやん格言」。

私が十代の頃に熟読したカーネギーの本から学んだ精神や、20年近くもうやんカレーを続けてきた中で気付いたことなどを格言にして、注意事項と並べてスケッチブックに手書きしているのです。

注意事項はスタッフに厳守してほしい私からの指示ですが、「もうやん格言」は自己啓発的な気付きを示唆しており、必死にひねり出した言葉というより、私の中から自然にあふれ出してきた言葉といえます。そのため、やや抽象的ないい方になっているものもあります。

基本的に、「もうやん格言」のスケッチブックはスタッフにしか目に触れない裏方に置いているので、関係者以外の方がご覧になることはありません。

本章では、全31個の「もうやん格言」を読者のみなさまにも初公開し、その意味するところについて具体例を挙げながら解説をしたいと思います。

「もうやん格言」は、もうやんカレーの姿勢そのものであり、もうやんカレーのもう1つの秘伝スパイスといえるかもしれません。

えびライス
BBQ

もうやん格言❶

力を抜け
うまくやろうとするな
ゆっくりやれ

飲食店のスタッフは一日中動き回っているので、ある意味スポーツ選手に似ています。スポーツは、力が入り過ぎていると、かえって本来の力を発揮できません。

野球でもゴルフでも、変に力み過ぎていると空振りしがちです。一流選手は、必ず球を打つ前に一呼吸置いています。

何ごとも、失敗しないようにしようと肩の力がガチガチに入り過ぎて心身がこわばっていたり、焦って気が急いていると、かえって普段はしないようなミスを犯してしまう可能性が高くなります。

空手では、技を決めた後、必ずニュートラルな基本形に戻ります。

仕事も、変に力まず、常にニュートラルな感覚で臨むべし、ということです。

もうやん格言❷

観察↓よく見て現場で

分析↓あらゆるデータから

判断↓即決

何か問題が発覚したら、まずは現場でよく「観察」して事態を正確に把握する必要があります。

次に、そこで観察したことを、一方的な偏見や思い込みにとらわれず、あらゆる角度から公平に「分析」しなければなりません。

そうした分析結果から導かれた「判断」に基づき、即決で即行動する——それが問題解決に不可欠な道筋です。

観察しても「よくわからないから、まあいっか」とか、分析・判断しても即行動しなければ、問題はいつまで経っても解決しません。課題について真摯に取り組む人は、こうした一連の流れが当たり前に身に付いています。

もうやん格言❸

行動→冷静に大胆に
結果→出さなきゃ意味がない
プロセスは関係ない

行動する際には、常に冷静沈着になると同時に、中途半端にこぢんまり行動するのではなく、「そこまでやるか?!」というような大胆さが必要です。

例えば新しい食材を検討するとしたら、100円のものと千円のものを比べるだけでなく、1万円のものも思い切って自腹で購入し、何がそんなに違うのかを実際に確かめてみるような行動力がほしいということです。

また、「結果」を出さなければ、「がんばったんだから」といういいわけは成り立ちません。スポーツでは、どんなに相手よりリードしていても、最後に逆転負けしてしまえば、ただの敗者です。がんばることは大事ですが、そのプロセスで自己満足してはいけません。ビジネスの世界は、「結果を出してなんぼ」ですから。

もうやん格言④

まわりにいる人は何かの縁
前世の村で兄弟、親戚
お世話した人された人

仕事でもプライベートでも、自分のまわりの人との「縁」は大切にすべきです。

今は他人でも、前世は兄弟や親戚だったかもしれないと思えば、思いやりが持てるはずです。

もし苦手な人がまわりにいても、前世は自分がお世話になった人だと思えば、感謝の気持ちを抱けるようになります。

私は店のスタッフのことを、前世はどこかの村で、野たれ死にしそうな自分を助けてくれた人だと思うようにしています。そうすると、「今度は私が彼らを助けなければ」という気持ちになります。

もうやん格言 5

相手の目線に
立つ　なる　本気で
わからなかったことが必ずある

「自分はお客さまの目線に立ってものごとを見ている」というつもりでいても、実際は自分が思う20％程度しか見えていないものです。

どんな飲食店にもいえることですが、本気でお客さま目線に立つつもりなら、自腹で自分の働く店に食事に行くことです。純粋にお客さまの立場になれば、自分の目がいかに節穴だったかということを思い知らされるはずです。

また、私自身もそうですが、スタッフを教育する立場の人も、「教えられる人の目線」に立って教える必要があります。例えば、新人にわからない専門用語を使っても伝わりません。伝わらなければ、教えたつもりでも時間のムダになってしまいます。常に過信せず、自分は20％しか見えていないと思って相手の目線に立つことを忘れないようにしましょう。

もうやん格言❻

やる時はやる
やらない時はやらない

これは、仕事の「オン」と「オフ」のメリハリをはっきりつけるということです。飲食店業は、お客さま第一なので、朝から晩まで一日中「オン」の状態にあるといっても過言ではありません。

これはまさに私自身にもいえることなのですが、オーナーや店長クラスの人は、一週間休みなく常に店のことや商売のことを考えている傾向があります。

しかし、意識して仕事モードのスイッチをパチッと切らないと、リフレッシュできないので、仕事の密度が落ちてしまいます。

仕事をやる時はとことんやるけれど、やらない時は完全オフモードになるような習慣を付けましょう。

もうやん格言 7

切り開き
押し進む

も

独立して新しいビジネスを始めようと思ったら、荒野の中に道なき道を自分の力で切り開き、押し進んでいくしかありません。

既に誰かが切り開いた道を進んでも、新しいことはできませんから。

私は今までにない味のカレー店をつくろうと思ったから、レシピもつくり方も全てゼロから開拓してきました。

前人未到の道には、困難もゴロゴロあると思いますが、「ダメ」といわれても、「非常識」と思われても、「なぜ?」「この方法はどうだろう?」と、簡単にあきらめず、解決のための知恵と努力を怠らないことが大切です。

もうやん格言 8

苦しみを恐れる者は
その恐怖で既に苦しんでいる

人はとかく新しいことを恐れ、現状を維持したがる傾向があります。

何かを新しくしたり、改革・改善することで、今までのバランスが崩れるのではないかという恐怖におびえるからです。

しかし、新しいことをやりたくないと恐れている人というのは、既にその恐怖を過敏に感じて苦しんでいる人といえます。

であれば、もう恐れるのはやめて、ものごとを改善したり、新しいことに向かって歩を進めたほうが、恐怖や苦しみを感じないのではないでしょうか？

もうやん格言 9

生きるために仕事をする
人生は楽しむためにある
夢は捨てるな　希望は叶えろ

「何のために仕事をするのか？　何のために生きているのか？」

幼い時から親父に何度もそんな質問を受けました。子どもの時は「生活していくためにはお金が要るから仕事する」と答えていましたが、成長してからは「生きるために仕事をする」と答えました。

すると、親父は「何のために生きるのか？」と尋ねました。私は最終的に「人生を楽しむために生きる」と答えました。

人生を楽しむということは、自分の希望を満たすということです。よく「将来はこんな夢がある」という人がいますが、夢＝絵空事ではなく、夢＝希望であり、希望は計画的に行動して叶えてこそ人生を謳歌できるのだと思います。

もうやん格言⑩

報酬以上の仕事をする者は
仕事以上の報酬を得られる

「自分の報酬はこれだけだから、それ以上のことをする気は一切ない」という人は、報酬の分だけきっちり仕事しているなら、それはそれで構いません。

ただ、報酬以上の仕事でも進んでできる人は、誰かが必ず見ているので、自ずと評価が高くなり、それが報酬として返ってきます。

私の店でも、報酬以上の仕事を黙々とやってくれているスタッフがいると、それに見合う報酬をプラスしています。

プラスアルファの仕事ができる人には、プラスアルファを与えたくなるのが、心ある人間の摂理というものです。

もうやん格言 11

1%の閃《ひらめ》きと
99%の努力

これは発明王エジソンの名言ですが、閃きは特別なことではなく、誰にでもあることだと思います。

いいアイデアが閃いたら、それを「でもそんなのムリだろう」などと思わず、まずはできる限りの努力をしてトライしてみることです。

私はよく飲食業界の人が〝業界の常識ではムリ〟と考えていることに対して、まったく別の発想で「じゃあこういうやり方はできないの？」と異例の提案をすることがよくあります。閃いたアイデアをなんとしてでも実現させるためには、業界の常識にとらわれていては何もできないと思うからです。

もうやん格言⑫

今日を生きろ
今日を精いっぱい生きれる者には
明日や将来が見えてくる

これはアメリカインディアンの教えです。あれこれ先行きの心配をするより、今日を精いっぱい生きれば、自ずと未来が開けてくるという意味です。

若いスタッフの中には、「将来が不安だ」「この先、生きていけるんだろうか？」という悩みにくよくよしている人がいたりします。

自分の人生を真剣に考えているという意味では、何も考えないで生きている人よりもましですが、漠然と将来に不安を抱いて虚ろになり、今日1日をムダにしては本末転倒です。

まずは今日1日、今この瞬間をフルに生きることを大切にすべきです。

もうやん格言⑬

100%をこなすことは
たいていの人間はできる
プラス1%、3%できる者に
進歩や成功がある

㋲

仕事を100%パーフェクトにこなせるということは素晴らしいことです。

しかし、常に100点満点を目指すだけでは、優等生かもしれませんが、人よりも一歩抜きん出ることはできません。

「もうやん格言10」の「報酬以上の仕事をする者は、仕事以上の報酬を得られる」にも共通することですが、決まった枠に収まらず、自分のできることをどんどん積極的に行える人は、枠の中だけで安住している人よりも確実に伸びます。

1%でも、3%でもいいから、100%の上限を超えようと努力することで初めて人は進歩し、目標に近づくことができるのではないでしょうか。

もうやん格言 14

1本弦が切れたら
残りの弦で演奏する
これが人生

これはアメリカの神学者ハリー・エマソン・フォスディックの「A弦が切れたら、残り3本の弦で演奏する。これが人生である」が元ネタです。

例えば4人で回している店のスタッフが急病で倒れて店に来られなくなったとしても、店を閉めるわけにはいかないので、残りの3人で回さなければなりません。

その際、ぶつぶつ文句をいったり、おろおろ慌てふためいたりするより、いかに1人の欠員を3人でうまくカバーするかということに知恵を注ぐほうが有益です。

人生では、不意に何かが欠けたり失ったりするようなことが起こりえますが、ないものを嘆くより、あるもので臨機応変に対応できる力が必要です。

もうやん格言 15

打つ手はある

どんなピンチの時でも、必ず打つ手はあります。

例えば、店が超満員な時に、お客さまのオーダーが次々に入り、どれも手間のかかるばらばらの料理だったりすると、オーダーがズラーッと大量にたまってしまう時がまれにあります。精神的にかなり追い詰められますが、そこでパニックになってしまっては、ピンチ度がさらに上がってしまうだけです。

どんな時でも、「打つ手はある」と信じ、ピンチを切り抜ける有効な手立てを考えるようにしていると、必ず打開策が見つかります。

大切なのは、どんなに絶体絶命でも決してあきらめないことです。

あきらめない人にしか、次なる一手は見出せません。

もうやん格言 16

あなたの給料は
お客さま1人1人から
もらっている

お客さまにレジで「ありがとうございます！」と精算をする際、スタッフは、自分が店からもらっている給料は、「たった今お客さまからいただいているお金とイコールなのだ」という認識を持つべきです。

時間給だと、とりあえず決められた時間だけお店にいれば、自動的に給料がもらえるかもしれません。

でも、その給料は、お客さまが数ある飲食店の中からこの店を選び、お食事していただいた結果、得られる貴重なお金なのです。

そう思うと、自ずとお客さまに対してもっと感謝の気持ちを持って接客できるはずです。

もうやん格言 17

最大の名誉は
決して倒れないことではない
倒れるたびに
起き上がることである

人は時に大失敗をしてしまうことがあります。

でも大切なのは、常に失敗しないようにリスクをとらない生き方をすることではありません。たとえ失敗してもへこたれず、再び立ち上がる勇気を持つことです。

かつて、私の店で何日もかけて仕込んだカレーの鍋を、うっかり床に落として台無しにしてしまったスタッフがいました。

時間とお金と労力の大変な損害ですから、そのスタッフは真っ青になって落ち込んでいました。でも、その大失敗を猛省し、その失敗をくつがえすような仕事をすることで、いつか名誉挽回できるはずです。

「七転び八起き」「転んでもただでは起きない」——そんな精神が大切です。

もうやん格言 18

やさしい言葉で冬中暖かい

も

これは、日本のことわざをベースにしています。

いつも上司がスタッフをガミガミ叱りつけてばかりでは、スタッフもストレスがたまってしまいます。甘やかすという意味ではなく、時には「やさしい言葉」をかけてあげることも忘れてはいけません。

そうすれば、凍えるような真冬でも、言葉1つで暖かな気持ちで仕事に励むことができます。

店をオープンした当初は、私もできないスタッフを厳しく叱っていたことがありますが、人は頭ごなしにガミガミいうと、持てる力の80％しか出せなくなります。

その人が持てる力の120％を発揮してもらいたいなら、相手を委縮させるような暴言ではなく、相手のやる気を鼓舞するような言葉が必要です。

もうやん格言⑲

お客さまに何ができるのか
＝
恋人のために何ができるのか
思っているだけではダメ
行動と結果

お客さまに接する時は、自分の最愛の恋人をもてなすような気持ちで、接客する必要があります。「彼女（彼）のために自分には何がしてあげられるだろうか？」と誠実に考え、相手が最も喜ぶことを行動で示すことが大切です。

「ありがとう」と感謝していても、それを心の中で思っているだけでは相手に伝わりません。心のこもった言葉や行動に出すことがポイントです。

以前、遅刻したアルバイトの学生が「目覚ましを3つかけてがんばりましたが、起きられませんでした」と弁解したのに、あ然としたことがあります。恋人とのデートでも同じいいわけをするのでしょうか？「もうやん格言3」でも「行動と結果」について、重要なのはプロセスではなく結果と述べましたが、相手が愛する恋人だと思って、最善の結果を出すために行動することが大切です。

もうやん格言 20

百聞＞一見＞一経験

「百聞は一見にしかず」といいますが、聞いただけのウワサ話より、自分の目で一度でも見極めたことのほうが確かです。

さらに、見ただけよりも、自分自身が1度でもリアルに体験したことのほうが、もっと確かです。

今はインターネットで簡単に情報を見聞きできる時代ですが、一番確かなのは、自分自身の「経験」なのです。

例えば、どんなに料理のレシピをインターネットで調べて知識として知っていても、実際にその料理を見たり、食べたり、つくったりできなければ、本当の意味で知っていることにはならないのです。

もうやん格言 21

親・恋人・親戚・兄弟・恩師
大切な人が今日も店に来る前提で
仕事をする

かつて、欧風カレーの老舗『ボンディ』で修行していた頃、有名店で私が働いていると知った家族や友人たちが食べにきてくれることがよくありました。

大切な人たちが店に来るとなると、「できるだけ気持ちよく迎えたい」「シャキッと働いている自分を見せたい」という気持になりました。

そうすると、店の清掃も入念になり、身だしなみもいつも以上に気を配り、サーブをする時も気持ちが入って、普段よりも自ずと丁寧になりました。

このように、「大切な人が来てくれる!」と思えば、お客さまに対して本当に心のこもったおもてなしができるのではないかと思います。

もうやん格言 22

商売の基本は物々交換
お客さまの
一生懸命稼いだお金と交換

貨幣がなかった時代には、人は「物々交換」によって、互いにほしいものを手に入れてきました。

貨幣経済の今は、お客さまが「ほしい」と思うものに対して、それに見合う対価を支払います。「ほしい」けれど、「千円もするならほしくない」と思えばお金は出さないし、「千円ならぜひほしい」と思えばお金を出してくれるのです。

つまり、お客さまがもうやんカレーにお金を払ってくれるということは、お客さまが一生懸命に稼いだお金とカレーを「物々交換」しているわけです。

そんな「価値あるお金」をいただくわけですから、こちらもそれに見合う「価値あるカレー」を提供したいと思っています。

もうやん格言㉓

人は認められるのが
好きな動物であり
認められないのは残酷な刑罰である

も

これはアメリカの心理学者ウィリアム・ジェームズの言葉がベースになっています。人は、誰かにほめられたり、評価されたり、尊敬されたりして認められると、素直にうれしいものです。

決められた仕事を時間内にきっちりこなすのは当然のことですし、がんばった事実より、結果を出すことが何より大切なのですが、どんなに一生懸命に仕事をしていても、「そんなのは給料の範疇だから、やって当たり前」という態度でいると、相手は精神的にむくわれません。

相手のやる気を引き出すには、要所要所でほめたり、ねぎらってあげることです。人より優れていれば、時給を上げるといった評価をするのも、相手を認め、相手の向上心を引き出す1つの方法といえます。

もうやん格言 24

賢者は財宝を蓄えない
人に与えれば与えるほど
彼の財宝は豊かになる

も

これは老子の言葉をベースにしています。少しでも得をしようとケチケチするのではなく、時にはお客さまに振舞うことも必要です。

うちの店では、年末などに「合計金額の50％オフ！」という破格のチケットを大盤振舞いすることがあります。もうやんカレーの原価率は高いので、全品半額ということは、出血覚悟の企画です。

しかし、お客さまにとっては超お得なので、より多くの人を連れてきてくれたり、ＳＮＳで話題にしてくれたりして宣伝になります。結果的に売上げが伸び、新規顧客の開拓にもつながります。儲けは独り占めせず、還元することで、巡り巡って利益が増すのです。

もうやん格言㉕

神でさえ人を裁くのに
人の死後まで待つというのに
あなたに何が裁けるのか？

これはイギリスの詩人サミュエル・ジョンソンの言葉がベースになっています。

要するに、人に対して謙虚に、そして寛容になれという意味です。

「自分は他人を裁けるほどエラいのか?」——部下に対してカッカする前に、そう自問自答しましょう。上下関係を盾にして、安易に人を裁くのはやめましょう。

かくいう私も店をオープンした頃は、体育会系のノリで部下に対してめちゃくちゃうるさいヤツでした。1分でも遅刻すれば容赦なく時給を下げて罰しました。

しかし、それではこちらもエネルギーを消耗するし、スタッフも委縮して力をうまく発揮できなかったり、心がポキンと折れて仕事を辞めてしまったりと、何もいいことはないことに気付きました。

この言葉は、そうした自分への戒めとして、深く心に刻み付けています。

もうやん格言 26

この世で最も不幸なことは
朝起きてする仕事が
ないことだ

も

これは松下幸之助氏の言葉がベースになっています。

どんなに毎日忙しくて大変でも、朝起きて、「ああ今日もやることがたくさんあるぞ！」と思えるのはとても幸せなことです。

私は若い頃、時給がよいという理由でガソリンスタンドで夜勤のアルバイトをしていたことがあります。でも、夜間の仕事はヒマだったし、毎朝出勤していく人たちを尻目に帰宅し、、完全に昼夜逆転した生活で、プータローのように朝から何もせずにゴロゴロしていると、とても不健康で虚しい気がしました。

もし本当のプータローになって、朝から何も仕事がないとしたら、とても絶望的な気持ちになるでしょう。

「明日起きて出勤するのがつらいなあ……」と感じたら、ぜひこの言葉を思い出してほしいと思います。

もうやん格言 27

難しいことを簡単に教える
＝
デキる上司

簡単なことを難しく教える
＝
アホな職人気取り

優秀な大工の棟梁は、弟子にいばらず、仕事のコツを要領よく教えるので、弟子がメキメキ上達します。

逆に、いばりちらすだけで技術を妙に難しく教える職人の弟子は、なかなか上達できません。そういう職人気取りの上司は、実は弟子に越えられるのが怖いので、「お前にはまだ10年早い」などと、もったいぶるのです。

「ねぎを切る時は魂を入れろ！」などと難解な教え方をしてみたところで、みじん切りマシンを使えば、10倍速く10倍きれいにねぎが切れてしまいます。

技術を磨いて継承していくためには、常に改革し続ける必要があります。

持てる技術は出し惜しみせずに伝え、必要に応じて技術を革新していかなければ、伝統技術などすぐに時代に取り残されて形骸化してしまいます。

もうやん格言 28

無償の愛

見返りのない親切の見返りは

思わぬところから来る

「これだけ親切にしてあげたんだから」などと見返りを求めず、純粋な親切心から人に何かしてあげると、巡り巡って思わぬところから想定外の見返りがブーメランのように返ってくることがあります。

以前、よく閉店間際に「1杯飲ませて」とお見えになるお客さまがいました。本来ならお断りするのですが、せっかく来てくださったのに、閉店時間だからと追い返すのも忍びなく、何度か閉店を延長して対応していました。もちろん、見返りなど何も期待していませんでした。

ところが、しばらくしてから、そのお客さまの知り合いの知り合いの知り合いのような人から、口コミでいい取引先を紹介されたのです。

実はこうした話は例外ではなく、しばしばあることです。因果応報というように、親切をすれば、親切が返ってくるのです。

もうやん格言 29

無知の知を知る者の知は
無限に成長し続ける

も

これはソクラテスの言葉がベースになっています。

要するに、「思い上がるな」「慢心するな」ということです。

「自分は何でも知っている」と思えば、そこで思考停止してしまって、上司の言葉にも、お客さまの言葉にも真剣に耳を貸さなくなります。

逆に「自分は何も知らない」と思えば、謙虚に人の言葉に耳を傾けます。

私は20年以上カレーをつくり続けていますが、カレー専門のライターさんの話を聞いたりすると、その深い知識に「上には上がいるなあ」と敬服します。

どんなに専門知識が豊富で経験値が高くても、「自分のコップは、いつでも新しい知恵を注げるように空《から》にしておくべし」と思っています。常に自分はまだまだと自覚している人は、どんどん新しい知恵を吸収して成長していけます。

もうやん格言 30

お客さまの要望は何か
味・値段・分量・場所・時間・スピード
あらゆることについて、
こちらからお客さまに向かう

(も)

お客さまから何かを要求される前に、こちらからお客さまに向かっていき、どんなニーズがあるのかをつぶさに読みとる—それが商売の基本だと思います。

来店されるお客さまの様子をさりげなく観察するだけでも、さまざまな改善点に気付きます。もうやんカレーでは、店のことについて忌憚のない意見をくださるリピーターのお客さまに、料理の味や量、コスパ、店の居心地などについて時々お話を伺い、改善できることは即改善するように努めています。

メニューのバリエーションや分量なども、そうした観察とヒアリングを基に、改善に次ぐ改善を重ねてきました。

「これで完璧」と思わず、常にお客さまに向かう姿勢を忘れないことが大切です。

もうやん格言 31

自分を管理できない者は
人も管理できない
自分を好きになれるレベルでしか
人を好きになれない

自己管理もできない人は、まして他人を管理できるはずがありません。

アメリカでは、肥満だと出世できないといわれます。自分の身体の健康管理さえできない者に、部下の管理などできないと見なされるからです。

人を管理する立場の人は、まず自分自身のことを顧みるべきです。例えば遅刻する上司が部下の遅刻を注意しても、説得力がありませんから。

また、「自分を愛せない人は、人も愛せない」といわれますが、人を好きになる時は、自分を好きになるのと同等のレベルで好きになります。

人を嫌いになる時もしかりです。まずは自分をたくさん好きになることで、人のこともたくさん好きになることができます。

もうやん禁句集

「ビーフカレーになります」って、エビがビーフになるのか?!

もうやん格言が書いてあるスケッチブックには、スタッフに向けた「禁句事項」も書いてあります。

意外に思われるかもしれませんが、「バイキング」と「食べ放題」はNGで、「ビュッフェ」に統一しています。なぜなら、バイキングや食べ放題を売りにしている店は、かなり質の悪い食材を使った料理を提供していることが多かったので、食材に徹底的にこだわっているもうやんカレーとは差別化したかったからです。

居酒屋などでアルバイトをしていたスタッフが使う飲食店用語にも禁句が多数あります。以前、水を出す時、「おひやでございます」といったスタッフがいて思わず腰砕けになりました。丁寧なつもりで

も、うちの店の雰囲気に合いません。
「○○になります」というのも禁句です。例えば「ビーフカレーになります」なんていわれると「何がビーフカレーになるわけ？ エビがビーフにでもなるの?!」と、思わずツッコみたくなります。
「ランチビュッフェの形になります」など、「形」をやたら使うのもNGです。「形」という語を入れなくても伝わりますから。同様に、「私は厨房の人間なので」などと「人間」を強調するいい方も、相手との間に線引きをしたがっているように聞こえます。
「ご新規さま」「バッシング」という飲食店用語も、お客さまにしてみれば奇妙です。普通に「お客さま」「片付ける」といえばいいことです。このほか、「正直」「ぶっちゃけ」というと、それまでお客さまにウソをついていたみたいなのでNGです。「裏を返せば」「逆にいうと」「変な話」も、口癖のようにいわれると相手はあまりいい気持ちがしません。飲食店業界だけでまかり通る業界用語や、日本語としておかしないい回しは、慣れると無頓着に使いがちですが、お客さまが不愉快に感じるかもしれないのでもうやんカレーでは禁句にしています。

第4章

2カ月でマイナス20kg?!

「もうやんカレー式ダイエット」とは?

カレーでダイエットできるって本当？

「カレーって太るんじゃないの？」

と思っている人がいますが、カレーにも太るカレーと、太らないカレーがあります。市販のレトルトカレーやカレールウの中には、第3章でも詳しくお話した通り、豚脂や牛脂が大量に入った商品が多いので、食べ続ければカロリー過多で太るかもしれません。

しかし、もうやんカレーは野菜がメインなので、低カロリーです。野菜の食物繊維が豊富なので、お通じによく、お客さまには「もうやんカレーを食べているとお腹の調子がよくなる」とよくいわれます。

腸は健康のバロメーターといわれますが、もうやんカレーは腸から全身の調子を整える「万能カレーサプリ」とさえいえるかもしれません。しかも、複数のスパイスがブレンドされているので、代謝もよくします。

つまり、もうやんカレーは太るどころか、便秘や代謝アップに役立つので、むしろダイエットの強い味方になるのです。

20kgやせて、6年間リバウンドなし！

実は私は不惑間近の39歳の頃、ラーメンにハマってしまい、仕事帰りに毎晩3玉のラーメンを食べていました。

案の定、みるみる脂肪が増え、体重が93kgに増量してしまいました。

今その頃の自分の写真を見ると、体型も顔もぽっちゃり丸く、現在の私とは別人のように見えます。

しかし、親父も太り過ぎて命の危険にさらされたことがあったことから、「太り過ぎは万病の元」と子どもの頃からわかっていたので、これはやばいと思い、ダイエットを始めました。

すると、たったの2カ月で体重がマイナス20kgになったのです！

20kgもやせたからといって、怪しいクスリを飲んだり、栄養失調になるような断食をしたわけではなく、朝飯も昼飯も晩飯もちゃんと食べていました。

健康を損なわずにやせるダイエットを自分なりに考えて実践してみたのです。

それが、「もうやんカレー式ダイエット」です。

実践してみて、空腹にのたうったり、体力不足や貧血でフラフラになることもなく、体重だけを確実に落とすことに成功しました。

あれから6年。45歳になった今も、「もうやんカレー式ダイエット」に成功した時のままの体型をムリなくキープしています。

スタッフにも「もうやんカレー式ダイエット」を実践して、私のように短期間で約20kgやせた人が4人います。今までどんなダイエットをしてもうまくいかなかったという人は、ぜひ「もうやんカレー式ダイエット」にチャレンジしてみてください！

もうやんカレー式ダイエット
劇的ビフォーアフター!

AFTER

2カ月後、「もうやんカレー式ダイエット」で－20kg達成！

BEFORE

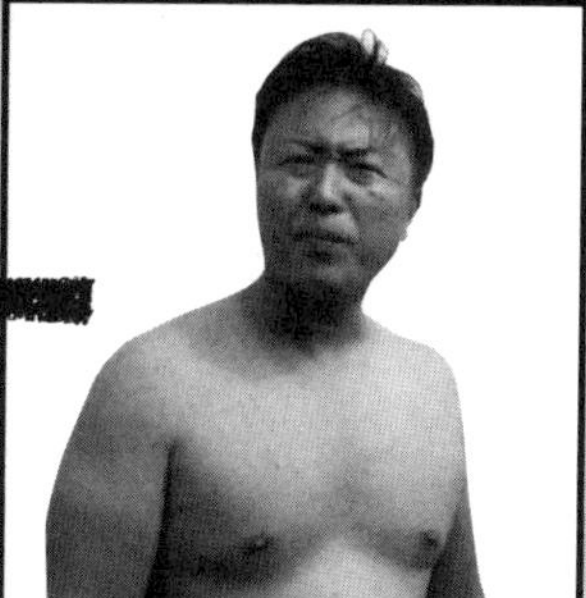

毎晩ラーメン3玉食べ続けてぽちゃぽちゃになったもうやんこと筆者・辻智太郎39歳の夏。

ジャーン!

いつでも、どこでも、誰でもできるダイエット

「もうやんカレー式ダイエット」を考えついたのは、10年ほど前に伊豆の『ヒポクラティック・サナトリウム』で行われていた断食コースに参加したのがきっかけです。

その断食期間中、口にしていいのはニンジンジュースと生姜と黒砂糖に、お茶と水だけでした。断食中でも外出は自由だったので、うっかり車で外に出ると、空腹のあまりふらふらっとコンビニに吸い込まれそうになりましたが、黒砂糖をちびちびなめて、必死にこらえました。

ただ、1日目はひたすら「腹へった……」と苦しかったのですが、2日目からは何やら妙に頭が冴えて、いろいろな考えがまとまることに気付きました。米も肉も食べてないのに、バーベルも難なく持ち上がりました。

2日目の夜からは、体から排出されるのもニンジンジュース状のものだけで、固形物は一切なし。身体の中がきれいにデトックスされているようで、空腹だけれど、何だか爽快でした。

３日目も空腹であることには変わりありませんでしたが、「人間は食べなくてもちゃんと生きていられるんだな」ということをしみじみ実感しました。この３日間の断食コースで私は３kgやせました。10日間コースというのもあり、参加者の中でも体重がある人は、約10kgもやせるそうです。

人間の身体の中で、自分の意志で動かせるのは実は肺だけです。

少しでも何か食べ物を口にすれば、内臓はイヤでも仕事をしなくてはいけません。

だから空腹になることは、内臓を休息させてあげることになるので、食べ過ぎている現代人にとってはむしろいいことなのです。毎月３日間の断食（ファスティング）をすることによって、体調がよくなり、長寿のスイッチが入るともいわれています。

口に入れるものを制限すれば、必ずやせます。

断食コースの体験を経て、これを応用して、いつでも、どこでも、誰でもできるダイエットができないだろうか――そう思ってたどり着いたのが、「もうやんカレー式ダイエット」です。

といっても、「もうやんカレー式ダイエット」は断食ではありません。

断食の空腹を味わうことなく、実践できるダイエットなのです。

ダイエットにコンビニとファミレスを利用するワケとは？

「もうやんカレー式ダイエット」のポイントは、**「いかに空腹のつらさをなくすか」**というところにあります。

人は「お腹が空いた」と感じるから、ものを食べます。

その時、必要以上に食べてしまうから太るのです。

太らないためには、食べる量をコントロールすればいいわけです。

しかし、「太るよなあ……」と頭では思いつつ、空腹に負けて何か食べずにはいられないのが、食欲の恐ろしいところです。

私がかつて毎晩ラーメンを3玉も食べていたのも、「食べ過ぎは体によくないよ」という理性の声をかき消すような食欲のなせるわざです。

多くの人がダイエットに失敗するのも、食べずに我慢した反動でどか食いしてリバウンドしてしまうからです。

といっても、苦行僧のように、固い意志を持って何も食べないでいれば、栄養失調になって衰弱してしまいます。人間が健康を維持するのに必要最低限の食べものを摂らなければ、どんなに元気な人でも健康を損なってしまいます。

「もうやんカレー式ダイエット」は、身体に必要な栄養はキープしつつ、それ以外の太る要因になるたべものはセーブする食べ方を基本としています。

最も簡単なのは、ランチとディナーをもうやんカレーで摂る方法です。ただ、遠方の方は通うのが難しいので、その際はコンビニやファミレスといった街のインフラを利用しましょう。

家で常に低カロリーのヘルシーな料理をつくって食べられるなら理想的ですが、忙しい現代社会において、そんな恵まれた状況の人は限られているはずです。

特に働き盛りで外食やコンビニを利用することが多いサラリーマンやOLさんにとっては、**365日無休で24時間営業していて、日本中ほぼどこにでもあるコンビニやファミレスを活用するダイエット方法のほうが現実的**です。

もし定食屋などに入ってしまうと、セットでいろいろついているので、分量をコントロールしにくく、つい出されただけ食べてしまいがちです。

でも、**コンビニやファミレスなら、自分で必要なものだけチョイスして食事の内容も分量も調整できます。**

ほかにも、スーパーマーケットや回転ずし、惣菜の種類や量を加減できる弁当店などを利用してもＯＫです。

特別な場所にいかなければやせないとか、特別な料理をつくらないとやせないとか、特別な運動をしなければやせないというダイエット方法では、長続きが困難です。

どこでも簡単に実践できる「もうやんカレー式ダイエット」なら、三日坊主にならず、学生さんから主婦やビジネスパーソンまで、誰でも気軽に始められます。

特に太っている人がやせるのは簡単です。

既にやせている人が、もっと引き締めようとすると、普段以上の運動が必要ですが、太っている人は、まだその段階にありません。苦労してハードな運動をする必要はなく、口に入れるものをコントロールするだけで簡単にやせられます。

ちょこちょこ食いのススメ

「もうやんカレー式ダイエット」は、3度の食事以外に、**自分が「お腹が空いた」と感じたタイミングで、「食べていいもの」をコンビニやファミレスなどで「ちょこちょこ食い」できるのがポイントです。**ちょこちょこ食いをすることで、空腹のあまり、どか食いするのを防ぐこともできます。

気を付けていただきたいのは、「食べていいもの」の内容と、「食べていい分量」を必ず守ることです。

「もうやんカレー式ダイエット」の推奨する1日の摂取カロリーは次の通りです。

- **成人男性1500キロカロリー**
- **成人女性1200キロカロリー**

ちょこちょこ食いをしても、トータルでこのカロリー摂取量を超えないようにする必要があります。

「1日に食べる内容・分量・トータルカロリー」さえ守れば、簡単にやせられます。

ダイエット中に食べていいものは「これ」！

「もうやんカレー式ダイエット」中は、食べる量は減らしても、健康をキープするのに必要な栄養素は減らしてはいけません。食べるものをチョイスする際には、次に挙げる「食べていいものリスト」を参考にしてください。

食品のカロリーの目安は、文部科学省の「食品成分データベース」のＷＥＢサイト（http://fooddb.mext.go.jp/freeword/fword_top.pl）で検索できます。

- **野菜全般**
- **果物全般**
- **豆類・納豆・豆腐**

・きのこ全般
・海藻類全般
・魚介類（マグロ赤身、イカ、タコ、エビ、カニ、貝類）
・肉類（鶏の胸肉、ささみ）
・ナッツ類（カシューナッツ、ピスタチオ、ピーナッツ、クルミ1日20粒まで）
・調味料（1L2000円以上のオリーブオイル、天然塩、黒胡椒、黒砂糖、はちみつ）
※低カロリーの食品はあっさり味のものが多いので、天然塩と黒胡椒を常備&携帯して塩気と辛みをプラスするだけで食事の満足度が上がり、空腹を抑えられます。
・ダシ（魚の天然ダシ、鶏ガラスープ、昆布ダシ、鰹ダシ、椎茸ダシ）
・飲みもの（生野菜または果物100%のストレートジュース、トマトジュース）
・即席スープ（鰹節と梅干しに熱湯を注ぎ、梅干しを崩したもの）
・『八海山の麹だけでつくったあまさけ』は無糖・ノンアルコールでビタミンB類なども豊富なのでお勧めです。
・アルコール類（赤ワイン200cc、焼酎100cc、ウイスキー100cc、ウォッカ100cc、テキーラ100cc、『氷結®ストロング』1缶）

「もうやんカレー式ダイエット」で食べてはいけないもの！

「もうやんカレー式ダイエット」で食べてはいけない食品や原材料は次の通りです。

・米、小麦、白砂糖、マヨネーズ、マーガリン、バター（オリーブオイル以外の油は摂らない）

・カップラーメン、パン、ケーキ、スナック菓子、芋類

・濃縮果汁還元ジュース、チーズなどの乳製品、ビール、砂糖入りコーヒー、砂糖入り清涼飲料水、栄養ドリンク

「もうやんカレー式ダイエット」の1日

例えば、ランチとディナーに「もうやんカレー」を利用するダイエットの1日は、こんな感じになります。量を加減することで、男性1500キロカロリー、女性1200キロカロリーという1日の摂取カロリー内に抑えることができます。

＜朝＞

朝起きたら、まずうがいと歯磨きを必ず実行してください。朝目覚めた時の口の中は雑菌の巣窟なので、歯磨きをしないと、大量の雑菌をそのまま体内に入れてしまうことになります。健康にやせるためには、基本的な体調管理が不可欠です。

空腹を感じたら、季節の果物を軽く食べます。コンビニなどで売っているカットフルーツを利用するのもお勧めです。

空腹を感じなければ、ムリに食べる必要はありません。

＜昼＞

「もうやんカレー」のランチビュッフェは、内容や分量をコントロールしながら、野菜類をたっぷり摂ることで、空腹を感じずに食事ができるので、ダイエットに最適です。その際、次の点に注意しましょう。

・カレーはソースだけ。ごはん、ジャガイモ、うどん、肉はお皿に入れない。
・野菜や豆類はたっぷり摂る。
・野菜やせんぎりキャベツをごはん代わりにカレーソースで食べる。カレーはレードル2杯まで。
・ドリンクは水やルイボスティー。コーヒーには砂糖を入れない。

＜夜＞

「もうやんカレー」のディナーも、野菜系のタパスやサラダをたっぷり摂ることで、炭水化物や肉を摂らなくても満足度の高い食事が摂れます。

ダイエットにお勧めメニューと分量は次の通りです。

・まず最初に「キャベツのサラダ」または、「パクチーとクレソンのグリーンサラダ」

を食べる。

・タパスは、「煮大根」「ラタトゥイユ」「ピクルス盛り合わせ」「きゅうりタイ風」「キノコのビネガー炒め」「サルサ粒野菜」「トマトサラダ」「セロリサラダ」「キムチ オブ プレミアム」「エビ辛炒め」「スープ」の中から2皿をチョイス。
・カレーは、「炒め野菜カレー」を八分盛り、辛さは少し辛め。
・カレーソースだけで、ごはんは頼まない。
・お酒はグラスワイン1杯。ビールはNG。

ファミレスやコンビニで選ぶお勧めメニュー例

「もうやんカレー式ダイエット」では、空腹をいかに上手に逃がしてあげるかがポイントなので、お腹が空いたら、身近なファミレスやコンビニを利用して、ちょこちょこ食いをしましょう。

その際、定食やセットメニューだけでなく、アラカルトでメニューの内容や分量をチョイスできるファミレスがお勧めです。もしカロリーの高い肉や揚げ物、米、麺などが含まれていても、**思い切って残すようにしましょう。**

次に挙げるのは、全国チェーンのファミレスやコンビニなどでよく見られるメニューからチョイスしたお勧めメニュー例です。内容はその店や季節によって変化しますので、あくまでもメニュー選びの目安として参考にしてください。

ここに挙げる食品を1日に摂るという意味ではなく、これらを組み合わせて、男性は1日1500キロカロリー、女性は1日1200キロカロリーを超えないようにしてください。**惣菜などに含まれる原材料や表示カロリーを必ずチェックして選びましょう。**

例1＠ジョナサン

オクラオーブン焼き、ほうれん草ソテー（ベーコンは食べない）、きびなご唐揚げ

ポタージュスープ

例2＠デニーズ

ほうれん草ソテー（ベーコンは食べない）、マンゴーのみのデザート、スープ

例3＠セブンイレブン、ファミリーマート

豆サラダ、コールスローサラダ、カットフルーツ、鶏胸肉、寒天ゼリー（無糖）、豆腐麺、インスタント味噌汁、春雨スープ、ワカメスープ、ナッツ（ひとつかみ20粒ほど）、おでんの昆布・大根

＊ナッツなどお酒のつまみは小袋・個包装のものなら、食べ過ぎの心配がありません。

ファミレスやコンビニのほかにも、「オリジン弁当」のように、惣菜の種類や分量を欲しい分だけ量り売りしてくれるお弁当屋さんもお勧めです。

回転寿司で1～2皿だけちょこちょこ食いする手もあります。ただし、プリンやケーキは1皿でもNGです。

もし、外出先で生の野菜や果物を提供しているジューススタンドがあったら、迷わず飲みましょう。コバラも満たされますし、生の果物の酵素をそのまま身体にチャージできるので一石二鳥です。

夜のコバラ対策にお勧め食材

「夜家に帰って寝る前に、コバラが減って眠れない……」

そんな時につい空腹に負けて食べてしまう夜食も、ダイエットの大きな敵になります。食べずに眠ってしまうのが、ダイエットにも健康にも美容にも一番ですが、空腹ストレスで不眠になるのも問題です。夜のコバラ対策としては、185ページで挙げたような食品をコンビニで買ってくるか、もしくはあらかじめ食べてもいいものだけを冷蔵庫に常備しておきましょう。

ただ、あくまでも就寝中は胃腸を休息させるのが望ましいので、食べる量は加減しましょう。また、固形物ではなくても、砂糖の入った甘いジュース、甘いコーヒー、ビールは厳禁です。飲むなら水か白湯にしましょう。

自宅での夜のコバラ対策にお勧めの食材は次の通りです。

・スープ

コバラ対策の一番のお勧めはスープです。ビタミンやミネラルを多く含み、体を温めて代謝も上げるスープは、ダイエットの強い味方にもなります。コンビニで買うなら、春雨スープやワカメスープがお勧め。生クリームの入ったスープはNGです。成分をしっかりチェックして買いましょう。野菜スープ、チキンスープ、すまし汁などをつくり置きしておくと便利です。ただし、寝る前に固形物を胃腸にあまり入れないほうがいいので具を食べず、スープだけをゆっくり飲むようにしましょう。スープがなければお湯に天然塩と黒胡椒をひとつまみ入れたり、オリーブオイルをちょっと垂らすだけでも空腹を抑えることができます。

・果物

「果物は甘いから太る」と思っている人がいますが、間違いです。果糖は吸収が早く、お腹が空いた時には、即エネルギーになります。また、酵素や食物繊維、ビタミン、ミネラルも摂取できるので、ダイエットに必要な代謝アップにもつながります。コバラ対策に限らず、食事の前にフルーツをちょっと食べるのがお勧めです。

・**トマト**

「トマトが赤くなると、医者が青くなる」といわれるほど、トマトは抗酸化成分のリコピンなど栄養分の宝庫です。水分も多いので、小玉のトマトを2分の1個食べただけでもコバラが満足します。

・**きのこ**

椎茸、舞茸、エノキ、エリンギなどきのこと白菜を軽く煮て、栄養のしみ込んだ煮汁と一緒にポン酢で食べます。きのこのダシのうまみはコバラの満足度につながります。

・**お刺身**

お刺身は低カロリーで高タンパク。歯ごたえのあるイカやタコは、咀嚼を促すので、脳の満腹中枢が満足しやすいといえます。お刺身にオリーブオイルをたらし、パラパラッとお塩をふって食べても美味です。

・**漬け物**

漬け物やキムチは塩分があり、噛みごたえもあるので、コバラ対策になります。

ダイエット中の飲み会はタブー?

飲み会もダイエットの大敵です。

コース料理や鉄板焼きは、カロリーセーブが難しいので、ダイエット中は誘われても思い切って辞退しましょう。

でも、それ以外の飲み会の場合は、ポイントさえ押さえておけば、カロリーオーバーの心配なく乗り切ることが可能です。

ただし、「とりあえず乾杯!」と、つき合いでビールを飲んでしまっては、ダイエットが台無しです。

お酒を飲むなら、赤ワインか焼酎、ウィスキー、ウォッカ、テキーラを飲みましょう。

お酒に塩をひとつまみ入れて飲むと、脳がごはんを食べたように錯覚するのでお試しを。

食事はうっかり高カロリーなものをつまんでしまわないようにセーブしましょう。基本は、米、麺類などの小麦が入った炭水化物や揚げ物は避けて、お刺身、野菜類や豆類、きのこ類を中心に食べましょう。

焼肉の場合は、サラダやキムチ、ヒレ肉とタン塩を食べ、カルビやごはんは避けましょう。

飲んだ後のしめのラーメンは、百害あって一利なしです。

ダイエットを妨げるだけでなく、お酒で疲れた内臓に、消化によくない固形物をがっつり流し込んで寝るわけですから、内臓に大きな負担がかかるし、代謝も滞ります。身体にいいことは何もありません。

「もうやんカレー式ダイエット」のポイントがわかりましたか？

慣れないうちは少し戸惑うかもしれませんが、食べるもの・食べる量・1日のトータルカロリーを守っていれば確実に効果が出てくるので、ぜひ根気よく続けてみてください！

私に直接ダイエットについて相談したいという方は、毎月1回実施しているマラソンイベントに参加していただければ、その時にお話を伺います。詳しくは、もうやんカレーのフェイスブック（https://www.facebook.com/moyancurry1）でご確認ください。

第5章

カレーの伝道師として、新たなステージへ！

進化し続けるもうやんカレー

真に価値のある店とは？

「うちの近所にも、もうやんカレーをつくってください！」

「地方にも、もうやんカレーに進出してほしい！」

大勢のお客さまから、そんなお声をいただきます。

オープンから20年近く、もうやんカレーでは1店1店のクオリティを守り、メニューを充実させながら、新宿、池袋、渋谷、新橋、京橋と現在6つの店舗を運営しています。

「行列が絶えない人気店なんだから、20年もあれば、もっと店舗数を増やせたのでは？」

といわれることもありますが、もうやんカレーでは、基本的に薄利多売ではなく、1店1店の魅力をより濃厚にしていくことを目指しています。

飲食店業界の中には、あっという間に全国展開を推し進め、あっという間に消えていくチェーン店があります。

その一方で、幾多の年月を経ても変わらない人気を持つ老舗もあります。

この違いは何でしょうか？

それは、お客さまがその店の料理に「価値」を感じるかどうかに尽きると思います。どんなに安くてもお客さまが食べる価値がないと思えば、その店は自然淘汰されてしまうでしょう。

何より料理が美味しいことは大前提ですが、料理の価値は、味だけでなく、身体に良いかどうかということも非常に重要です。

食の安全性に対する知識がますます世の中に浸透していく中、どんなに素晴らしいおもてなしをしていても、身体に悪いものを平気で出すような店は、決して長続きしないでしょう。

原価や利益のバランスを考えた時、健康によくて美味しい料理を良心的な価格で提供することは、簡単なことではないけれど、そこを突きつめてこそ、お客さまにとって真に価値のある店になるのだと思います。

生きるために働く。楽しむために生きる

「将来は独立して自分の店を持ちたい！」

そんな人を応援するために、もうやんカレーでは、独立支援制度やフランチャイズ制度も設けています。スタッフにも、そうした志のある人材を積極的に採用しています。

私自身、店を出すまで親父に頼んで開店資金を銀行で借りるなど、いろいろ大変な苦労をしましたが、自分の店を持つというのは生やさしいことではありません。

たとえどんなに小さな店でも、出店には最低3000万円はかかりますし、実績がなければ融資してもらうのも大変です。私も資金調達ができなければ、二十代で店を出すことは難しかったでしょう。

自分の店を持つ難しさを重々わかっているからこそ、「自分の店を持ちたい」というチャレンジ精神を持っている人を応援したいと思っています。

かつて、私は親父に「もうやんは何のために働くんだ？　何のために生きるんだ？」と

問われた時、「生きるために働く。楽しむために生きる」と答えましたが、今もその考えは変わりません。

もうやんカレーのFC化についても、お店を運営する人が、「もうやんカレーをやって楽しい！」と思ってもらうことが大前提だと思っています。

何もかもFC本部の規格に統一するのではなく、その店、その地域の個性を生かした展開ができればおもしろいなと考えています。

日本発のハイブリッドなもうやんカレーを世界へ

もうやんカレーの味は、海外でも必ず通用するという自信があるので、海外での展開も視野に入れています。

お湯で溶いて使う、もうやんカレーを濃縮させた瓶詰の商品も開発しました。この商品は、「明治屋」と「紀伊国屋」で販売しています。

海外の拠点として、バンコクや上海には数年前から商談で何度も足を運んでいます。

そのほか、香港、台湾、ロサンゼルス、ニューヨーク、パリなどでも、ビジネスの可能性を模索しています。

もうやんカレーは、フランス料理、インド料理、中華料理など、世界各国の料理の魅力がじっくりグツグツ煮込まれたハイブリッドなカレーなので、さまざまな国の人たちの口に合うと確信しています。

しかも、ヘルシー志向は世界的な食の潮流でもあり、身体によいということは、国境や人種を越えて万人に共通するメリットです。

日本発のヘルシーなもうやんカレーをより多くの国々の人たちに楽しんでいただき、より多くの人たちの健康に役立てれば、それほどうれしいことはありません。

さらに進化したもうやんカレーを目指して

1997年に西新宿の小さな店からスタートしたもうやんカレーも、たくさんの人たちのお陰で、ここまでやってくることができたことに、心から感謝しております。この場を借りて、深くお礼申しあげます。

もうやんカレーのお客さまは、9割がリピーターの方々です。

10人中9名の方は、1度ご来店されて、また来てくださったお客さまということです。

世の中にこれだけいろいろな飲食店がある中、そしてカレー店だけでも多種多様にある中、もうやんカレーに2度3度と足を運んでくださるお客さまの比率がこれほどまでに高いことは、私にとって大きな誇りです。

「もうやんカレーがまた食べたいな」

そんなみなさまの思いにお応えしつつ、さらに進化したもうやんカレーをお楽しみいただけるよう、ますます精進していきます!

■PROFILE

辻 智太郎（つじ ともたろう）

もうやんカレー代表取締役。1971年東京都杉並区生まれ。

大学卒業後、スポーツ関連の会社の寮で、オリジナルのカレーを発明する。カレーショップ開業のため退職し、欧風カレーの名店『ボンディ』、フランス料理店『モンタニエ』で修業。25歳で西新宿に『もうやんカレー』1号店を開業。2015年10月現在で、創業18年、6店舗（うち1店舗FC）を展開。

http://www.moyan.jp/

行列ができるカレー店の秘密

～「もうやんカレー」のつくり方～

2015年10月30日〔初版第1刷発行〕

著　者　辻 智太郎
発行人　佐々木　紀行
発行所　株式会社カナリアコミュニケーションズ
〒141-0031　東京都品川区西五反田6-2-7
ウエストサイド五反田ビル3F
Tel.03-5436-9701　Fax.03-3491-9699
http://www.canaria-book.com

印刷所　石川特殊特急製本株式会社
装　丁　福田　啓子

ISBN978-4-7782-0316-0 C0034

カナリアコミュニケーションズの書籍ご案内

飲・食企業の的を外さない商品開発

ニーズ発掘のモノサシは環境と健康

久保　正英　著

「地味だけれど地道に愛されるお店創り」とは。

飲・食企業が生き残るために必要なのはヒット商品ではなく、外部環境に左右されない強固な経営。

そのため秘訣が満載の1冊。

2014年6月30日発刊
価格　1400円（税別）
ISBN978-4-7782-0274-3

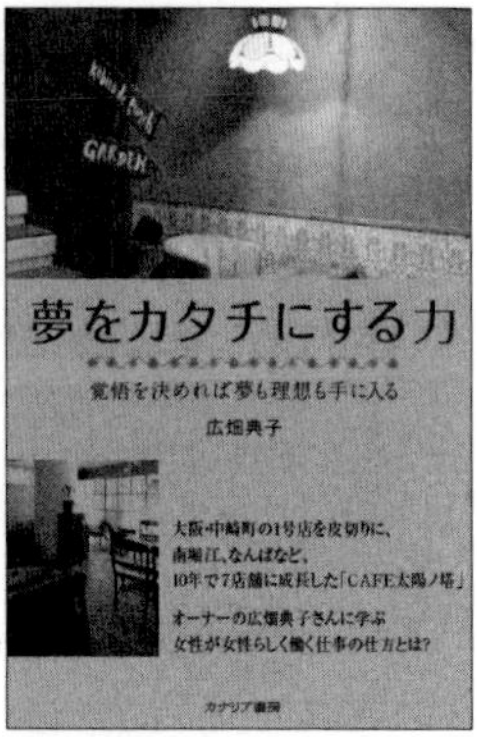

夢をカタチにする力

覚悟を決めれば夢も理想も手に入る

広畑　典子　著

若干24歳でカフェオーナーとなってやりたい仕事を実現した著者が伝えたいこと。

それは「夢を探すよりも大切なことがある」ということ。

カフェをしてみたい、やりたいことをやってみたい、転職しようか迷っている、このままで終わりたくない……、など未来に迷う若者に、「やってみよう! 」と第一歩を踏み出す勇気と力を与える1冊。

2014年10月15日発刊
価格　1300円（税別）
ISBN978-4-7782-0282-8